DE LA

CONDITION DES PERSONNES CIVILES

EN DROIT ROMAIN

ET

EN DROIT FRANÇAIS

THÈSE POUR LE DOCTORAT

PRÉSENTÉE PAR

Edmond PIÉBOURG,

Avocat à la Cour d'appel.

PARIS

A. PARENT, IMPRIMEUR DE LA FACULTÉ DE MÉDECINE

31, rue Monsieur-le-Prince, 31

1875

DE LA
CONDITION DES PERSONNES CIVILES

EN DROIT ROMAIN

ET

EN DROIT FRANÇAIS

THÈSE POUR LE DOCTORAT

PRÉSENTÉE PAR

Edmond PIÉBOURG,
Avocat à la Cour d'appel.

*L'acte public sur les matières ci-incluses sera soutenu le Mercredi
3 Février 1875, à 2 heures.*

Président :	M. BEUDANT,	Professeur.
Suffragants :	MM. VALETTE,	
	BONNIER,	Professeurs.
	MACHELARD,	
	GARSONNET,	Agrégé.

*Le candidat répondra, en outre, aux questions qui lui seront faites
sur les autres matières de l'enseignement.*

PARIS

A. PARENT, IMPRIMEUR DE LA FACULTÉ DE MÉDECINE
31, rue Monsieur-le-Prince, 31

1875

Paris. Typ. A. Parent, rue Monsieur-le-Prince, 31.

A MON PÈRE

A MA MÈRE

On chercherait en vain dans les Codes français une théorie d'ensemble sur les *personnes civiles;* ces expressions elles-mêmes n'y figurent pas une seule fois; et l'on est en droit de nous demander dès le début : qu'est-ce donc qu'une personne civile? Si la loi ne les reconnaît pas, quelle thèse soutenez-vous?

Patience ! Parcourons le Code civil et sachons le lire. — Il y a des biens, dit-il, qui n'appartiennent pas à des particuliers, et dont le régime est réglé par des lois spéciales (1). Que de choses dans ce simple renvoi ! J'y trouve constatée l'existence de propriétaires qui ne sont pas des particuliers, des êtres réels : et ce sont cependant des personnes, puisque les personnes sont les seuls sujets de droits. J'y vois du même coup consacrée à leur profit l'expression la plus complète de la capacité juridique, c'est-à-dire le droit de propriété qui contient ou appelle tous les autres. J'y lis, enfin, la présence de lois spéciales qui renferment un système de procédure particulier, et règlent le fonctionnement d'une existence juridique dont le Code ne veut pas aborder les détails.

En voilà plus qu'il n'est nécessaire pour établir l'existence de personnes distinctes des particuliers, jouissant de la capacité de droit. Poursuivons cependant, et nous lirons dans les articles 538, 542, 910, 2045 et autres l'énumération de ces êtres d'espèce toute spéciale, que nous appellerons, pour plus de commodité dans l'exposition des principes, *personnes civiles, morales* ou *juridiques.* Ce sont l'Etat, le département, la commune, les hospices, les établissements publics et d'utilité publique.

(1) Article 537.

Piébourg.   1

A cette simple nomenclature indiquant les individualités principales dont cette étude sera l'objet, il importe de joindre deux observations.

Quand on s'occupe des droits de l'Etat, du département, de la commune, la pente est rapide pour passer du domaine juridique dans le domaine politique : la légitimité des impôts et des octrois, l'opportunité du partage des biens communaux, le mode de représentation du département, la liberté des établissements publics et des congrégations religieuses, la création d'Universités libres, sont autant de questions agitées dans les chaires de nos écoles, aussi bien qu'à la tribune de nos assemblées. De là, pour nous, l'indication d'un écueil à éviter : nous entendons garder sur le terrain de la législation pure la réserve que nous imposent la nature et l'exiguïté de cette étude : nous ne toucherons pas à la politique, nous ferons du droit.

J'ajoute que nous ferons du droit civil. Le droit administratif dans le domaine duquel quelques excursions seront nécessaires, ne sera que l'accessoire ; on comprend de reste qu'il serait d'un minime intérêt de donner par le menu les nombreux détails des lois administratives, des décrets, des circulaires ministérielles se rattachant à notre sujet. Aussi bien, chacune des personnes civiles reconnues en France fournirait à elle seule matière suffisante à une thèse spéciale : notre but sera de les passer rapidement en revue, pour en extraire les principes qui les dominent toutes.

Nous étudierons moins les personnes civiles que la *personnalité civile.*

CONDITION DES PERSONNES CIVILES

EN DROIT ROMAIN

ET

EN DROIT FRANÇAIS

DROIT ROMAIN

Cette étude sur la personnalité civile à Rome sera divisée en trois parties. La première sera consacrée à un exposé général de la théorie et des règles concernant la naissance et la mort des personnes civiles. Dans la deuxième, nous passerons en revue les êtres juridiques reconnus par la législation romaine : municipes, corps de magistrats, associations religieuses ou autres. Enfin, nous réservons pour une troisième partie l'analyse de textes importants relatifs aux droits qui compètent aux êtres abstraits que nous envisageons.

PREMIÈRE PARTIE

CHAPITRE PREMIER.

DÉFINITIONS. — GÉNÉRALITÉS.

A côté des personnes physiques qui, par le simple fait de leur apparition corporelle, s'imposent à l'étude du législateur, et proclament, selon l'expression de Savigny, « leur titre à la capacité du droit, » il est possible de concevoir des individualités idéales, résumant en elles plusieurs intérêts particuliers identiques, ou personnifiant un intérêt d'une nature générale et permanente. C'est à ces êtres abstraits qu'on donne le nom de *personnes civiles, morales* ou *juridiques.*

Ces termes, universellement adoptés par les auteurs, ne laissent pas d'être un peu vagues à cause de leur généralité ; et c'est un point délicat de classer sous des divisions rigoureusement précises les diverses personnes civiles correspondant à des idées multiples. On peut, cependant, sauf à trancher par la suite certaines questions de détail, les ranger presque toutes sous les deux titres : Corporations et Fondations.

Les *corporations* sont ces réunions d'artisans, ces sociétés industrielles et professionnelles, dont la personnalité

s'appuie non pas sur tous les membres, mais sur un ensemble idéal, créé pour la concentration des forces et
des intérêts et pour une direction que son unité rend plus
parfaite (1).

La *fondation* repose sur une idée plus abstraite. C'est
en quelque sorte la personnification du moyen adopté,
créé et réglementé par une ou plusieurs personnes pour
atteindre une fin déterminée; pratiquer la charité, répandre les doctrines de la religion, développer les scien-
ces et les arts : tels sont le plus souvent les résultats
cherchés au moyen de ces fondations.

Ces premières considérations nous amènent à poser,
dès le début, deux points importants:

I. La personnalité civile n'éveille pas nécessairement
l'idée d'association. La fondation d'un hospice peut être
l'expression de la pensée d'un seul individu; et il est évident que la personnalité juridique ne reposera pas sur
le directeur ou sur les administrateurs de cet hospice,
encore moins sur les malades qu'on y recueille (2). Le
sujet du droit dans une fondation est, selon Savigny, une
abstraction personnifiée (3).

II. Dans le cas où la personnalité civile appartient à
un assemblage d'individualités physiques, il faut distinguer soigneusement la personne civile elle-même, de
l'ensemble de ses membres aussi bien que de chacun

(1) L. 7, § 2, Dig. III, 4. — L. 76, Dig. V, 1.

(2) Dans notre ancien droit, la personnalité civile d'un monastère reposait si peu sur la tête de ses memb.es, que ceux-ci étaient
frappés d'une espèce de mort civile. C'est dans l'anéantissement
de ces personnalités individuelles que la personne civile puisait
son origine. Pothier, *Des Personnes*, T. 3, section 1.

(3) *Traité de Droit romain*, L. 2, ch. II, § 86, note *b*.

d'eux : idée capitale qui appellera des développements ultérieurs.

Les expressions « personnes civiles » dont nous nous servons sont toutes modernes ; et quelque défectueuses qu'elles puissent paraître à certains esprits, nous regrettons de ne pas trouver à Rome leur équivalent.

La langue latine ne nous offre pas d'expression technique pour caractériser les êtres de raison qui font le sujet de cette thèse. Ce n'est pas que leur existence ait été méconnue de la loi romaine ; mais les jurisconsultes n'ayant pas écrit de théorie générale sur la matière, il serait singulier de trouver dans les recueils une terminologie précise et complète.

Les deux principaux titres du Digeste sur notre matière (1), contiennent, à leur rubrique, les termes *corpora, collegia, universitates.*

Pris séparément, *corpus* rend assez bien l'idée renfermée dans le mot *corporation.* On pourrait être tenté d'en étendre le sens jusqu'à le rendre synonyme de l'expression *personne civile,* si on tient compte des fragments qui parlent de fondations pieuses, *corpora pia.* Mais il suffit, pour repousser cette déduction, de faire remarquer que le mot *corpus,* pris dans le sens de *fondation,* ne se rencontre que dans des textes relativement récents.

Le terme *collegium,* applicable également aux corporations, mais pas aux fondations, présente cette particularité de servir à désigner même des associations illicites, auxquelles manque nécessairement la personnalité civile (2).

Quant à l'*universitas,* nom générique de toutes les as-

(1) Dig. XLVII, 22 ; — III, 4.
(2) L. 3, pr. Dig. XLVII, 22.

sociations, corporations, communes, etc., il offre, au
point de vue de notre étude, le grave inconvénient d'être
applicable à certaines réunions de choses qui jamais
n'ont constitué de personnes civiles : telles sont la réunion des animaux composant un troupeau, l'agrégation
des matériaux constituant une maison; ce sont des *universitates*.

Malgré la largeur de cette expression, elle est importante à signaler dans ce préliminaire, car nous aurons
souvent à l'employer. Dans son sens restreint et spécial
à notre thèse, elle est opposée fréquemment aux termes
singularis persona, désignant l'individu, la personne naturelle (1). Elle figure à la rubrique de plusieurs titres (2).
Le terme *universitas* paraît le plus propre à caractériser
les personnes idéales, à moins qu'on ne préfère user
d'une de ces périphrases fréquentes dans les textes :
« Corpus habent, » ou « personæ vice funguntur, » ou
« privatorum loco habentur » (3).

Les nombreux fragments du Digeste et des auteurs
classiques relatifs à ces *universitates*, à ces *corpora*, en
attestent suffisamment l'existence. Outre la distinction
importante en corporations et fondations, les commentateurs ont créé d'autres divisions :

Il y a des personnes civiles dont l'existence est naturelle, et en quelque sorte nécessaire. C'est ainsi que s'impose la personnalité du peuple Romain : elle fut de tout
temps reconnue, sans qu'aucune loi expresse en ait établi le principe; nous en dirons autant des cités, des municipes, des villages, éléments constitutifs de l'Etat, et

(1) L. 9, § 1, Dig. IV, 2.
(2) Dig. XXXVIII, 3 ; — III, 4 ; — XL, 3.
(3) L. 1, pr. Dig. III, 4; L. 22, Dig. XLVI. 1 ; L. 16, Dig. L. 16.

peut-être antérieurs à lui. — D'autres, au contraire, n'ont qu'une existence contingente dont rien n'exigeait la création. L'utilité de quelques-unes l'a motivée, et c'est le pouvoir souverain qui, suivant les principes que nous poserons plus loin, en a autorisé la constitution artificielle (1). Telles étaient les sociétés amicales, les associations de fonctionnaires, qui tenaient si peu à l'organisation des pouvoirs publics, qu'elles furent dissoutes le jour où leurs agissements devinrent inquiétants pour la sécurité générale.

Une autre division des personnes civiles a sa base dans leur constitution intérieure. Les unes ont un système complet de représentation et une organisation détaillée, facilitant l'exercice prompt et régulier des divers droits qui peuvent leur compéter. Ce sont les cités, les colonies, et avant tout l'Etat : on les appelle *universitates ordinatæ*. On nomme au contraire *universitates inordinatæ*, les villages et ces nombreuses corporations d'espèces et de fins différentes, dont l'organisation moins savante répond à un but restreint et limitativement déterminé.

CHAPITRE II.

CRÉATION DES PERSONNES CIVILES.

On lit dans un texte fondamental sur les *universitates*, au Digeste : « Quibus autem permissum est corpus habere collegii, societatis, sive cujusque alterius eorum

----

(1) Aussi un texte capital les assimile-t-il à l'Etat, qui sert de type préexistant, L. 1, § I, Dig. III, 4.

nomine, proprium est, ad exemplum reipublicæ habere res communes, arcam communem, et actorem sive syndicum per quem, tanquam in republica, quod communiter agi fierique oporteat, agatur, fiat » (1). C'est reconnaître à ces êtres de raison le droit de propriété et ceux qui en dérivent, c'est leur donner accès devant les tribunaux, où un représentant pourra figurer pour eux.

Des développements postérieurs établiront quels droits peuvent appartenir, quels droits sont refusés aux personnes civiles; mais nous devons dès maintenant retenir ceci : la loi romaine a étendu l'idée que l'homme est l'unique sujet du droit, pour l'appliquer à des êtres conçus par l'effort du raisonnement, et créés par une fiction. Nous définirons donc la personne civile : un être idéal, sans existence matérielle, auquel ont été reconnues la capacité d'acquérir, et la faculté d'avoir un représentant dans l'exercice actif ou passif de ses droits.

L'utilité de ces personnes fictives est trop manifeste pour qu'il y ait lieu d'y insister. Rien de plus avantageux pour l'individu comme pour l'association, que cette possibilité d'unir une volonté à une volonté, un effort à un effort, et de constituer un faisceau compact avec des forces isolées qu'une direction unique fait fonctionner avec ensemble pour la commune utilité. Quoi de plus grand et de plus humain que ces fondations semées par le christianisme, et dont on trouve déjà l'idée largement conçue dans la *tabula alimentaria Trajani?*

Mais ces associations amicales ou professionnelles, ces institutions philanthropiques n'étaient pas sans présenter de sérieux inconvénients qui n'échappèrent pas au législateur romain.

(1) L. 1, § I, Dig. III, 4.

Permettre à une *universitas* de devenir propriétaire, c'était ouvrir la porte à des abus, en laissant l'intérêt absorbant de l'association étouffer l'esprit de prévoyance individuelle du père de famille. C'était encore et surtout faciliter l'accumulation des biens sur la tête d'une personne idéale, dont l'existence étrangère aux lois de la nature, peut se prolonger indéfiniment et atteindre à une longévité interdite à la personne physique. D'autre part, la présence de corporations et d'associations puissantes créa parfois à la République des embarras qui nécessitèrent de la part du pouvoir la mesure énergique et radicale de la suppression.

En face des avantages incontestables des corporations et des fondations, et des dangers non moins réels dont elles sont la source, le législateur romain ne pouvait pas se désintéresser d'une question aussi grave ; et nous voyons dans les auteurs des marques non équivoques du souci qu'elle lui inspirait. L'autorisation de l'État, telle fut la garantie que la loi jugea nécessaire, et la condition qu'elle mit à la création de toute personne civile.

En somme, groupement des énergies individuelles en un tout homogène, satisfaction générale obtenue par des efforts communs, prompte et simple représentation devant la justice : tels sont les avantages que présente la personnalité civile. De là les expressions libérales de Gaius, commentant la loi des douze tables : « His autem potestatem facit lex, pactionem quam velint sibi ferre : dum ne quid ex publica lege corrumpant » (1).

D'autre part, la concentration excessive des biens entre les mêmes mains, et la création de petits États dans

(1) L. 4, Dig. XVLII, 22.

l'État, inspirèrent au législateur des craintes d'où naquit le système de l'autorisation préalable ; elle fut d'ailleurs assez peu prodiguée (1); et on lit dans le même Gaius : « Paucis admodum in causis concessa sunt hujusmodi corpora » (2).

C'est ici, selon certains interprètes, le lieu de faire remarquer une bizarrerie dans la législation romaine, qui ne paraîtrait pas avoir su distinguer le droit d'association du droit de constituer une personne civile. On pourrait comprendre que législativement le droit de se réunir fût accordé à un certain nombre délimité ou non de personnes, sans que pour cela il en résultât la création d'un nouvel être : l'État, en effet, tout en ne mettant pas obstacle à une simple association, peut avoir intérêt à ne pas lui donner une importance majeure, une fixité exagérée et dangereuse par la concession de la personnalité civile.

Tel n'a pas été, dit-on, le point de vue du législateur romain ; il a cru devoir rendre connexes deux idées essentiellement distinctes ; et la corporation autorisée à se réunir devient par là même capable de droits en tant que personne civile. C'est du moins ce qui paraît résulter de divers fragments des Pandectes (3), qui signalent l'aptitude à tel ou tel droit comme la conséquence du *jus coeundi* accordé à tel *corpus*, à tel *collegium*. — La Loi 1 au Digeste (XL, 3), paraît notamment probante à cet égard ; il y est dit, en effet, qu'une constitution de Marc-Aurèle autorise les colléges *quibus coeundi jus est* à affranchir leurs esclaves : n'est-ce pas dire implicitement qu'ils

(1) L. 1, pr. Dig. XLVII, 22. Pline, lettres X, 42.
(2) L. 1, pr. Dig. III, 4.
(3) L. 20, Dig. XXXIV, 5 ; L. 5, § 12, L. 6, Dig. L, 6.

en étaient propriétaires, c'est-à-dire qu'ils avaient le principal attribut de la personnalité civile ? Et le second fragment ajoute, qu'en conséquence, la succession de l'affranchi leur appartient.

Toute cette théorie repose sur ce que des droits fort importants découlent du *jus coeundi*, signifiant « droit de réunion. » — A cette thèse qui me paraît douteuse, on peut répondre que le texte fondamental (1) qui parle du droit de propriété et de la représentation en justice, n'accorde ces intéressantes prérogatives qu'aux colléges *quibus permissum est corpus habere :* expression énergique dont on doit tenir un compte d'autant plus sérieux que le texte dont il s'agit contient, en quelque sorte, la théorie générale de la personnalité civile. — Quant aux fragments empruntés au titre 6 du livre 50, on peut les regarder comme contenant des priviléges en faveur de certaines corporations.

Le système inverse conduit à cette conclusion : la législation romaine prodiguait peu les droits de la personnalité civile; mais elle en faisait la conséquence nécessaire du droit d'association. Ces deux phrases sont contradictoires, car on sait combien étaient nombreuses les associations et corporations à Rome.

Notre système se base au contraire sur la différence qu'on doit établir entre *jus coeundi* et *corpus habere ;* et on explique ainsi un passage de Gaius : « La concession de la personnalité est assez rare : cette restriction est posée dans les lois, les sénatus-consultes et les constitutions impériales. Quant aux colléges, sociétés ou autres associations qui sont érigées personnes civiles, leur caractère

(1) L. 1, Dig. III, 4.

propre est d'avoir des biens communs, une caisse commune et un représentant » (1).

Quel que soit le parti qu'on adopte dans cette importante controverse, il reste établi qne deux ordres de faits sont nécessaires à la création de l'être juridique : le fait de l'association ou de la fondation constituant l'œuvre des particuliers, à laquelle s'ajoute l'autorisation de l'État, concession privilégiée de la personnalité.

L'autorisation supérieure a toujours paru indispensable à Rome, et se justifie par des considérations économiques et politiques que nous avons indiquées. On comprendrait en outre difficilement, en restant sur le terrain juridique, que la faculté de créer dans le sens rigoureux du mot des personnes capables de droits appartînt sans contrôle à des particuliers. L'existence des personnes civiles est, par leur nature même, une exception ; c'est au pouvoir suprême, gardien des intérêts généraux, qu'il appartient d'en reconnaître l'opportunité (2).

Il devra donc, avant de donner l'être et de conférer des droits à ces *universitates*, consulter l'intérêt général. Est-ce dans un but d'utilité publique que des citoyens sollicitent l'autorisation du pouvoir ? Poursuivent-ils par la réunion de leurs forces, de leurs capitaux, une entreprise charitable, scientifique, industrielle, que des efforts individuels seraient impuissants à mener à bien ? Agissent-ils, en un mot, dans un but social ? — A ces conditions seulement la création de la personne civile sera légitime ; l'autorisation de l'État devra n'être accordée

(1) L. 1, pr. et § I, Dig. III, 4.
(2) L. 1, pr., Dig. III, 4 ; L. 3, § 1, Dig. XLVII, 22.

en outre qu'en vue du but que l'association ou la fondation se propose d'atteindre.

Cette autorisation est un acte du pouvoir législatif,
dans le sens le plus étendu du mot; elle fut accordée, en
conséquence, dans des formes différentes variant avec la
marche parallèle des systèmes juridiques et politiques de
Rome.

De même qu'à l'origine la coutume, source du droit
non écrit, imposait les lois au peuple qui les avait progressivement composées, de même il suffit de l'assentiment tacite de la nation pour reconnaître la personnalité nécessaire de l'Etat, c'est-à-dire du peuple romain
lui-même. Il eut toujours la capacité d'être institué héritier; et Gaius (1) nous apprend que, même sous l'empire
des actions de la loi, il existait pour l'Etat un mode de
représentation dont, le principe était cependant incompatible avec ce système de procédure.

Mais peu à peu la force productrice de la coutume
s'affaiblit : un ensemble plus savant de règles législatives s'introduisit à Rome; et la volonté nationale prenant, dans sa manifestation, une forme plus précise,
c'est à la loi écrite qu'il appartint de reconnaître et de
sanctionner l'existence des *universitates*. Elles durent être
créées d'abord par une loi, puis par un sénatus-consulte;
et quand après Antonin et Septime Sévère, l'*oratio principis* eut remplacé la délibération du Sénat, ce fut dans
les constitutions impériales qu'il fallut chercher une autorisation. Gaius nous dit simplement et d'une manière
complète : « Legibus, et senatus-consultis, et principa-
libus constitutionibus ea res coercetur. »

(1) Gaius. II, 82.

La personnalité civile peut être concédée en vertu d'une loi spéciale, ou d'une loi générale accordant la qualité de personne morale à toutes les *universitates* d'une même classe (1).

Notons enfin que pour la formation d'un *collegium* proprement dit, la présence de trois membres est nécessaire (2). La corporation volontaire est donc une association de trois membres au moins, poursuivant un but commun sous la reconnaissance du pouvoir social.

CHAPITRE III.

CAPACITÉ DES PERSONNES CIVILES.

C'est l'autorisation du législateur qui donne à l'*universitas* le titre de personne ; être purement intellectuel, elle revêt, par l'acquisition du *corpus*, le caractère nécessaire à l'accomplissement des actes juridiques. C'est une personne artificielle qui, par la volonté de la loi, peut revendiquer sa part de droits.

Personne idéale, créée dans l'intérêt de personnes physiques, elle doit en être soigneusement distinguée : chaque membre de la corporation conserve sa personnalité individuelle, distincte de la corporation elle-même ;

(1) Van Wetter, I, § 39.

(2) L. 85, Dig. L., 16. Van Wetter ; cours de droit romain. — Toutefois, dit Mainz, bien qu'on puisse reconnaître une certaine généralité à cette règle, il est toujours dangereux de poser en cette matière des règles absolues. Le seul principe fondamental sur les *universitates*, c'est qu'elles n'obtiennent la qualité de personnes que par l'autorisation de l'Etat (t. I, p. 319).

et celle-ci se distingue en outre de la réunion des membres. Il en résulte que, tant que l'*universitas* subsiste, elle conserve son caractère propre : un hôpital reconnu par l'Etat garde sa personnalité même après la mort des malades qu'on y soigne ; la personnalité d'une corporation n'est nullement entamée par la mort d'un ou de plusieurs de ses membres, et quand même tous auraient disparu, la personne civile subsisterait : son existence est indépendante de celle des membres qui la composent ; elle est au-dessus d'eux (1).

C'est cette idée, fréquente dans les recueils, qu'on exprime en quatre mots très-significatifs : *universitas distat a singulis*, qui demandent un commentaire : il consistera dans l'analyse des textes qui contiennent des applications de ce principe fondamental :

1° Les droits actifs et passifs de la personne civile enrichissent et grèvent l'*universitas* considérée comme unité, et non pas chacun de ses membres (2). Ceux-ci ne peuvent donc pas poursuivre les débiteurs de l'être moral, ni être poursuivis par ses créanciers.

2° La personne juridique étant seule et absolue propriétaire de ses biens, de même que ses membres ont sur leurs biens personnels un droit de propriété exclusif et distinct, il en résulte que les biens de la corporation peuvent être grevés de servitudes au profit de ceux des associés, et réciproquement.

3° Un fragment d'Ulpien (3) nous apprend qu'une corporation peut être valablement instituée héritière, à la charge de restituer par fidéicommis la succession à

(1) L. 7, § 2, Dig. III, 4
(2) L. 7, § 1, Dig. III, 4.
(3) L. 1, § 15, Dig. XXXVI, 1.

un de ses membres, et le jurisconsulte ajoute : « Nec enim ipse sibi videtur quis horum restituere ».

4° On sait qu'en principe, un esclave ne peut pas être soumis à la torture dans une cause qui intéresse son maître, quand même celui-ci n'aurait sur l'esclave qu'un droit de propriété indivis (1). Or, on lit dans plusieurs textes qu'on peut torturer l'esclave d'une cité, d'une *universitas* quelconque pour en obtenir une déposition favorable ou non à l'égard d'un des membres de l'*universitas*; et afin qu'on ne prenne pas cette décision pour une exception au droit commun, les textes ajoutent expressément que c'est une conséquence du principe que nous développons : « Servum municipum posse in caput civium torqueri sæpissime rescriptum est : quia non sit illorum servus, sed reipublicæ » (2).

5° Tandis que le droit commun défend à l'affranchi d'agir contre son patron sans autorisation du magistrat, les jurisconsultes prennent soin de nous dire, de la manière la plus expresse, pour écarter toute difficulté, que le *libertus civitatis* peut intenter valablement une action contre un citoyen, sans avoir obtenu la *venia edicti* (3). C'est dire implicitement que l'affranchi n'a pas les citoyens pour patrons, et que, partant, il ne les avait pas pour maîtres durant son esclavage.

6° L'affranchissement d'un *servus universitatis* fait par un des membres de la corporation serait de nul effet, tandis que s'il en était propriétaire par indivis, il y aurait

(1) L. 3, Dig. XLVIII, 18; LL. 1, 14. Code IX, 41. — Exceptions : L. 1, Code IX, 41; L. 17, § 2, Dig. XLVIII, 18.

(2) L. 1, § 7, Dig. XLVIII, 18; L. 6, § 1, Dig. I, 8.

(3) Instit. Justin. IV, 6, § 12; L. 6, § 1, Dig. I, 8. — L. 10, § 4, Dig. II, 4.

lieu à l'application des règles de l'accroissement, que Justinien a corrigées et en grande partie effacées.

7° Du principe que l'esclave ne peut stipuler que pour son maître, il résulte que le *servus civitatis* ne peut pas stipuler pour un des citoyens. Si nous voyons un *servus publicus* faire une stipulation valable au profit d'un citoyen particulier, en cas d'adrogation (1) et de tutelle (2), il faut se souvenir que c'est un subterfuge employé *utilitatis causâ* pour remédier à de sérieuses difficultés, et qui constitue une grave exception au droit commun. Ce qui prouve catégoriquement que c'est un véritable expédient, c'est que l'action produite par cette stipulation est une action utile.

La dérogation au principe qu'on ne peut pas stipuler pour autrui paraît bien plus évidente, quoiqu'elle ne soit qu'une extension de la première, quand on se place à l'époque de Justinien où la stipulation était faite par un homme libre remplissant les fonctions de *tabularius*.

Les exemples qui précèdent montrent surabondamment que l'*universitas* a une personnalité distincte, indépendante, et que sa création artificielle lui donne l'aptitude aux droits qui sont compatibles avec sa nature exceptionnelle.

Mais autre chose est la jouissance, autre chose est l'exercice des droits. Avoir la jouissance d'un droit, c'est remplir les conditions nécessaires pour profiter du bénéfice qu'il engendre ; avoir l'exercice d'un droit, c'est posséder les qualités intellectuelles et physiques indispensables pour en tirer personnellement ce bénéfice. Les

(1) L. 18, Dig. I, 7 ; — L. 40, Dig. XXVIII, 6.
(2) LL. 2, 3, 4. Dig. XLVI, 6.

personnes qui n'ont pas l'exercice des droits dont elles jouissent ont reçu le titre d'incapables : tel est l'impubère *sui juris*.

Telle est aussi la personne civile.

Comme lui et plus radicalement que lui, la personne civile ne peut ni vouloir ni agir; car vouloir est le propre d'un être intelligent et libre, et l'action exige pour se produire un *substratum* matériel. La personne morale est donc incapable de fait, dans toute la rigueur de l'expression : ce qui nécessite, comme pour le mineur, un système de représentation.

Consignons de suite une nouvelle conséquence du principe *universitas distat a singulis :* alors même que tous les membres d'une corporation auraient une volonté unanime, il n'en résulterait pas que la personne civile ait une volonté; et de même il ne faudrait pas regarder comme acte de la corporation, l'acte émané de tous ses membres.

Le principe de la représentation n'a pas été d'ailleurs admis sans difficulté : sous l'empire des actions de la loi, la présence effective de la personne, dans les actes juridiques qui l'intéressaient, a dû singulièrement retarder le développement de la théorie de la personnalité civile; et Mommsen en est venu à croire qu'il n'y eut point pendant longtemps à Rome d'autres personnes civiles que l'Etat.

Quoi qu'il en puisse être de cette conjecture, il est évident que le législateur Romain s'occupa d'étendre le système de la représentation : l'utilité le réclamait; les principes du droit en faisaient une nécessité. A Rome, en effet, presque tous les actes de la vie juridique exigeaient le double élément dont nous avons parlé, la manifestation de la volonté, et l'acte matériel : l'*animus* et la solennité de l'acte. L'être moral, incapable de l'un et de l'autre, se trouvait donc en quelque sorte dans une *infantia* perpétuelle.

On peut croire que l'esclavage, cette institution barbare, mais essentielle au fonctionnement de la vieille civilisation romaine, facilita la création et la représentation des personnes civiles. Voici comment :

C'était un principe fondamental en droit romain, que l'homme pouvait acquérir par l'intermédiaire de ses esclaves ou des personnes qu'il tenait *in mancipii causâ* (1). Cette règle, dont aurait pu se passer à la rigueur une personne capable, était d'une importance capitale pour l'impubère *sui juris*. Personnellement incapable d'exercer les droits que la loi lui reconnaissait, il trouvait dans ses esclaves des instruments dociles et qui ne pouvaient jamais jouer pour lui un rôle défavorable dans un acte juridique.

Gaius nous dit, en effet : « Quod servi nostri mancipio accipiunt vel ex traditione nanciscuntur, sive quid stipulentur, vel ex alia qualibet causa adquirant, id nobis adquiritur ;..... et convenienter scilicet legatum per eos nobis adquiritur. » (2)

Cette représentation *per servos* était un mode rudimentaire et incomplet. Rudimentaire, car à vrai dire, c'était le mineur qui acquérait, qui stipulait, etc., puisque pour acquérir l'esclave empruntait la personne de son maître; incomplet, puisque les actes rendant meilleure la condition du *dominus* étaient seuls à la portée de l'esclave :

(1) Gaius, II, § 86.
(2) Gaius, II, § 87.

celui-ci ne pouvait pas, en effet, obliger son maître. La représentation générale du mineur par son tuteur, remédiait à cette insuffisance.

Ces deux côtés de la question s'appliquaient aussi aux personnes civiles ; et avant l'inauguration d'un système de représentation générale que nous étudierons plus loin, les corporations ne purent acquérir de droits réels ou de créance que par l'intermédiaire des esclaves dont elles étaient propriétaires : aussi Ulpien nous dit-il : « Si servus reipublicæ, vel municipii, vel coloniæ stipuletur ; puto valere stipulationem » (1).

Mais constater ce fait n'est pas donner une solution. N'est-ce pas, en effet, reculer la difficulté ? Je comprends bien qu'un *servus collegii* puisse acquérir des droits pour le *collegium* ; mais comment le premier esclave a-t-il été lui-même acquis par le *collegium ?* Là est la difficulté que des commentateurs ont cherché à résoudre ; leurs conjectures laissent le champ ouvert à la discussion. Quelle qu'en soit la solution, dont l'importance est purement archéologique, nous nous arrêtons devant un fait indiscutable, constaté par les textes qui nous parlent d'esclaves appartenant à des municipes, à des colonies, à des corporations religieuses, à des temples, et d'une façon générale, à des colléges (2).

L'insuffisance de la représentation *per servos* se reproduisait à l'égard des personnes civiles, comme à l'égard des particuliers ; elles ne pouvaient pas s'en accommoder longtemps, et les lacunes de ce système furent comblées par l'institution d'une représentation générale.

(1) L. 3, Dig. XLV, 3.
(2) L. 3, Dig. XLV, 3 ; Code VII, 9 ; L. 20, § 1, Dig. XXXIII, 1 ; L. 1, Dig. XL, 3 ; L. 10, § 4, Dig. II, 4 ; L. 6, § 1, Dig. I, 8.

CHAPITRE IV.

REPRÉSENTATION DES PERSONNES CIVILES. — CONSTITUTION.

Il n'y a pas de règles générales sur la constitution des diverses personnes civiles ; mais on est autorisé à dire avec Savigny, qu'elles sont toutes soumises au pouvoir régulateur de l'Etat, dont la haute surveillance garantit les intérêts qui sont en jeu. Il y a même, ainsi que nous l'avons fait remarquer, certaines *universitates* qui, faisant partie intégrante de l'Etat, se trouvent plus directement assujetties à un système général de centralisation.

Cette absence de principes positifs applicables à toutes les *universitates*, a pour conséquence la diversité des modes de représentation. A propos de ces personnes nécessaires dont nous venons de parler, il est bon de remarquer que les organes qui les représentent au point de vue politique, les représentent en même temps pour les matières de droit privé.

C'est précisément sur la constitution de ces êtres collectifs, municipes, colonies, etc., et sur les pouvoirs de leurs administrateurs, que les recueils législatifs nous fournissent quelques textes détaillés et des règles spéciales ; c'est d'eux que nous traiterons tout d'abord. Ils laissent au contraire dans l'ombre les règles sur la constitution et la représentation des personnes civiles en général, fondations ou corporations ; pour mettre quelque clarté dans l'étude difficile de cette seconde branche de

(1) Savigny. Traité de droit Romain, L. II, ch. II, § 96.

notre division, il sera nécessaire de distinguer les *universitates* en *ordinatæ* et *inordinatæ*.

Reprenons ces deux points séparément :

§ 1. — *Constitution et représentation des cités.*

Il y eut dans l'Etat romain, différentes constitutions applicables aux villes.

La préfecture, privée du droit d'élire ses magistrats, recevait chaque année du pouvoir central un préfet chargé de l'administration et de la justice.

Quant aux municipes, villes municipales, ils avaient une organisation mixte, et nommaient leurs magistrats ; c'était le principe d'une certaine indépendance administrative ; ces magistrats locaux avaient une *jurisdictio*, mais pas d'*imperium*. A cette autonomie politique qui élevait l'état des personnes, et laissait aux habitants l'usage de leurs institutions propres, se joignait une certaine participation aux honneurs attachés à la cité Romaine (1). Ulpien nous dit que le titre de *municipes* fut étendu abusivement aux habitants des villes qui n'avaient pas droit de cité (2). La guerre sociale, qui faillit perdre Rome, eut pour résultat la collation de la cité Romaine à toutes les villes d'Italie.

Depuis la constitution de Caracalla, ces distinctions ont perdu de leur importance, et à la variété primitive où circulait une domination évidente de la métropole, suc

---

(1) Devenus *muneribus participes*, les habitants des municipes acquirent vite le droit de cité, et Cicéron nous dit qu'on pouvait avoir ainsi deux patries. (*De legibus*, II, 2.) M. Labbé, à son cours.

(2) L. 1, § 1, Dig. L. I.

céda un système basé sur l'abaissement des habitants de Rome, et l'élévation des provinciaux. Toutefois, l'unité n'était pas complète, et les diverses lois municipales qui nous sont parvenues, témoignent des priviléges que certaines provinces avaient conservés (1).

L'organisation de ces villes, conçue à l'image de celle de Rome, en suivit les modifications. Sous la République, leur constitution comprenait : 1° l'assemblée du peuple, qui perdit son pouvoir sous l'Empire ; 2° le sénat en qui se concentra peu à peu la souveraineté, et 3° les magistrats qui étaient regardés comme faisant partie intégrante du sénat. Les principaux magistrats étaient les duumvirs en Italie, et les *principales* en province.

Le sénat, corps délibérant, avait le titre d'*ordo*, *curia*, *senatus* ; et ses membres s'appellent *curiales*, *decuriones*, *municipes*, *municipales* ; ils étaient nommés à vie et leur qualité se transmettait héréditairement comme le patriciat à Rome. Mais, lorsque les charges devinrent plus lourdes, quand les décurions furent rendus responsables de la perception des impôts, et solidaires de la gestion des successeurs qu'ils avaient fait agréer, leurs fonctions devinrent une servitude plutôt qu'un honneur; et il fallut recourir à l'élection pour repeupler les rangs désertés de la curie. On offrit aux pères naturels le droit de légitimer leurs enfants en les classant au nombre des décurions : singulier bénéfice, qui tournait à l'oppression de de ceux qu'on prétendait favoriser.

Ce fut entre les législateurs du Bas-Empire et les membres de la curie, une lutte dont les témoignages remplis-

(1) « Municipes sunt cives Romani ex municipiis legibus suis et suo jure utentes. » (Aulu-Gelle, XVI, 13.)

sent les recueils de Justinien et de Théodose. C'est le recrutement, ce sont les travaux publics qui sont mis à la charge des décurions, rendus responsables de l'exécution des mesures jugées nécessaires à la marche de l'Etat. Les rigueurs nouvelles engendrent de nouvelles résistances; il leur est interdit de vendre leurs biens, d'abdiquer leurs honneurs factices, jusqu'au jour où « le décurionat devint une prison, un bagne, où l'on poussa les malfaiteurs, jusqu'aux adultères et aux assassins » (1).

Au milieu des textes qui constatent cette décadence et ce profond abaissement, nous trouvons le fragment suivant, d'une frappante énergie : « Curiales nervos esse reipublicæ ac viscera civitatum nullus ignorat » (2). C'est en effet à l'*ordo*, assemblée des décurions, qu'il appartient de délibérer sur les plus graves intérêts de la cité.

Les décurions sont convoqués par les duumvirs (3); et tous doivent avoir été convoqués, pour que la délibération produise son effet. La présence des deux tiers des membres de l'*ordo* est nécessaire pour que la délibération soit valable, mais elle suffit; à eux seuls, ils représentent l'*ordo* tout entier (4). Quant à la décision prise par cette fraction de l'*ordo*, elle n'a d'effet que si elle émane de la majorité des membres présents (5).

Des auteurs pensent que la détermination, pour être obligatoire, doit avoir été prise par la majorité de tous

(1) M. Egger. Recherches sur les *Augustales*.
(2) Novella Majoriani, 1 in pr. Appendix, C. theodos.
(3) L. **2**, Code X, 31.
(4) LL. 2, 3, Dig. L. 9; L. 46, Code, X, 31.
(5) L. 46. Code X, 31; L. 19, Dig. L. 1; LL. 2, 3, Code, X, 33; L. 19, Dig. XXVI, 5; LL. 3, 4, Dig. III, 4.

les membres de la curie. Les lois sur lesquelles ils s'appuient ne sont pas probantes ; elles doivent s'analyser, en effet, par la loi 46, au Code *de Decurionibus*, qui se traduit ainsi : « Peu importe que tous les membres de la curie inscrits sur l'*album*, ne soient pas présents : l'absence nécessaire ou fortuite de quelques-uns, ne peut pas invalider la décision prise valablement par la majorité de l'*ordo* ; or, les deux tiers de l'*ordo* représentent la curie tout entière. »

Nous voyons dans plusieurs textes que certaines délibérations importantes exigent, outre la réunion des deux tiers des membres de la curie, la présence des *possessores*, citoyens possédant au delà d'une quantité de terre déterminée. Cette institution a été imitée de nos jours ; les plus imposés d'une commune sont appelés dans nos conseils municipaux, pour délibérer sur la classification et le classement des biens-fonds pour la confection du cadastre, les emprunts, les impôts communaux extraordinaires, etc. Comme affaires importantes à Rome, nous trouvons mentionnés dans les recueils législatifs : l'aliénation des biens de la cité, l'envoi d'une ambassade à l'Empereur, la nomination des médecins dans les limites du nombre réglementaire (1).

Les magistrats, à leur entrée en fonctions, donnent caution pour la bonne gestion de la chose publique. Le chapitre XCI, des bronzes d'Osuna, exige que le candidat aux fonctions de décurion, d'augure et de prêtre, ait son domicile depuis cinq ans dans la colonie, et constate qu'une *pignoris capio* pouvait être pratiquée à l'égard

---

(1) L. 3, Code, XI, 31 ; LL. 2, 3. Code, X, 33 ; L. 6, Code, X, 63 ; L. 1, Dig. L. 9 ; L. 6, § 2, Dig. XXVII, 1.

des uns et des autres, après l'élection, comme garantie de l'exact accomplissement de leur office (1).

Selon certains auteurs, la cité aurait une hypothèque tacite sur les biens de l'administrateur; ils argumentent en ce sens d'un texte qui assimile la personne civile au mineur : « Respublica minorum jure uti solet » (2). D'autres lui refusent ce privilége, qui n'appartient aux villes qu'en vertu d'une concession formelle du prince, ou au peuple romain qui ne reconnaît pas de supérieur (3).

§ 2. — *Règles générales sur la représentation.*

UNIVERSITATES ORDINATÆ.

A propos de ces *universitates*, nous poserons seulement deux principes :

I. Les diverses questions relatives à l'administration de l'*universitas*, à l'admission des membres, aux droits qui leur appartiennent, aux devoirs et à la responsabilité des administrateurs, aux rapports entre les pouvoirs délibérant et agissant, etc., sont réglés dans l'acte constitutif. Il ne rentre pas d'ailleurs, dans notre plan, de rechercher en détail la constitution des diverses *universitates* : ce que nous devons simplement constater, c'est leur grande variété. Les décurions sont les représentants d'une *universitas ordinata*.

L'acte constitutif réglé par les membres de l'association ou octroyé par une autorité supérieure, passe sous

(1) M. Giraud. Les bronzes d'Osuna.
(2) L. 4, Code II, 54.
(3) L. 10, Dig. L. 1 ; L. 2, Code XI, 29 ; L. 38, § 1, Dig. XLII, 5.

le contrôle du pouvoir central qui donne ou refuse son autorisation : ces statuts peuvent déterminer une forme démocratique, monarchique ou représentative, qui servira de base à l'organisation de l'*universitas*. Gaius nous dit, en effet, dans un texte déjà cité, que les corporations peuvent se donner l'organisation qui leur plaît, pourvu qu'elle ne soit pas en opposition avec les lois de sûreté publique.

II. Pour toutes les questions qui ne sont pas prévues dans l'acte de constitution, ou qui excèdent les pouvoirs de l'administrateur , les *universitates ordinatæ* sont régies comme les *inordinatæ* par les principes qui vont suivre.

UNIVERSITATES INORDINATÆ.

Aucune constitution n'ayant réglé pour ces *universitates*, la manière dont elles seraient représentées, c'est un point assez délicat de déterminer qui les représentera, et dans quelles limites s'exercera le pouvoir des représentants.

On tombe assez généralement d'accord pour regarder la délibération de tous les membres, comme liant l'*universitas :* mais il s'agit de bien entendre cela.

Nous avons vu précédemment que la personne morale ne se confond pas avec l'ensemble des membres qui la composent. Si, en effet, le *corpus* s'identifiait avec la collection des membres actuels de la corporation, il en résulterait que l'exclusion ou l'admission postérieure d'un associé, transformant l'ensemble, transformerait du même coup la personne civile. Or, Ulpien nous dit explicitement qu'il importe peu qu'une partie ou que la totalité des membres change, car toujours *stat nomen universitatis*. (1)

(1) L. 7, § 2, Dig. III, 4.

Par conséquent, quand même tous les associés actuels manifesteraient une même volonté, il n'en faudrait pas conclure que c'est la volonté de l'*universitas*. Cependant, comme il est clairement impossible d'obtenir une plus parfaite satisfaction des intérêts en présence, c'est à l'assemblée des membres actuels qu'incombera le droit et le devoir de gérer les affaires de l'*universitas*.

Elle remplira donc un rôle analogue à celui du tuteur de l'impubère *sui juris*, incapable comme la personne civile d'agir et de vouloir.

Le rappel de cette analogie déjà signalée nous amène à une seconde observation. Le tuteur de l'impubère, dont la durée des fonctions est limitée au jour où le pupille atteindra l'âge de la puberté, est soumis à un ensemble de règles qui assure la protection des intérêts du mineur: nécessité de rendre des comptes, interdiction de certains actes, surveillance de parents, etc.

La même sollicitude est légitime à l'égard des personnes civiles qui sont dans une incapacité de fait absolue et perpétuelle. Les administrateurs ne peuvent pas plus être libres d'agir sans contrôle, que le tuteur n'est libre de disposer comme il l'entend des biens du mineur ; c'est ce qui explique les décisions que plusieurs textes nous fournissent : elles ont été dictées par une idée de protection pour les membres présents, et surtout pour les futurs membres dont l'Etat devait avoir souci : pour que les générations à venir ne soient pas sacrifiées par les associés d'aujourd'hui, certains actes d'une importance grave sont entourés de précautions particulières. Ainsi la dissolution de la personne civile exige l'autorisation de l'État (1) ; l'aliénation des biens n'est permise que

(1) L. 21, Dig. VII, 4.

suivant des règles spéciales dont nous avons déjà parlé (1).

Toutefois, le principe n'est pas nettement posé, et on en est réduit à procéder par induction de certains textes particuliers. Aussi des auteurs regardent-ils cette théorie comme inacceptable. En législation elle serait excellente; mais tel n'aurait pas été, dit-on, le système romain : une fois créée, la personne civile aurait été maîtresse d'agir sans souci des intérêts à venir : doctrine libérale en apparence, mais qui n'aboutit en somme qu'à faciliter les malversations et les abus des représentants.

Il nous reste à dire maintenant quelques mots du vote des membres de l'*universitas*.

Il doivent avoir été tous convoqués : mais la présence d'un nombre déterminé d'associés n'est pas indispensable pour la validité des délibérations.

C'est du moins l'opinion de M. de Savigny. D'autres interprètes appliquent au contraire la règle donnée par les textes à propos des décurions, à savoir que les deux tiers des membres doivent assister à la délibération. Ces textes qui visent le cas spécial d'une assemblée de magistrats composant une personne civile au sein d'une autre *universitas*, nous paraissent trop spéciaux pour être envisagés en cette circonstance.

Quant à la décision, elle ne peut être prise efficacement, selon les uns, qu'à la majorité absolue de tous les membres de l'association; selon d'autres, au contraire, on devrait suivre la règle donnée précédemment pour les décurions, en se fondant notamment sur la loi 160, § 1, *de regulis juris*, qui, on doit l'avouer, paraît bien générale.

(1) L. 3, Code XI, 31 ; Code X, 33.

CHAPITRE V.

MORT DES PERSONNES CIVILES.

Du principe : *universitas distat a singulis*, découle une nouvelle conséquence qui trouve ici sa place. Nous avons dit qu'une corporation, pour naître, veut la réunion d'au moins trois membres, mais elle continue de vivre quand même elle se réduirait à un seul ; allons plus loin, et supposons que le dernier survivant de la corporation disparaisse : sa mort n'entraîne pas nécessairement celle du *corpus* lui-même : l'*universitas* est, en effet, un être dont la longévité est indéterminée, et dont l'existence plane au-dessus de celles des associés sans se confondre avec elles : elle subsiste, et son personnel peut se recruter à nouveau.

Il importe néanmoins d'établir une distinction : « La mort de tous les membres, dit Savigny, n'anéantit pas la corporation, quand elle repose sur un intérêt *public et permanent*. Si donc une épidémie enlevait tous les membres d'une corporation de métier, d'une commune, il ne faudrait pas la regarder comme anéantie » (1). — D'où l'on peut conclure *a contrario* que si l'*universitas* est créée dans un but temporaire et se rapportant exclusivement aux intérêts personnels de ceux qui la composent, elle devra disparaître avec eux (2).

Puisque c'est par exception que la mort des associés

(1) Savigny. L. II, ch. II, § 89.

(2) Il est bon de faire observer que la volonté même unanime des membres d'une corporation ne peut pas détruire cette personne civile, qui est plus haut qu'eux.

entraîne celle de la corporation, quel en sera donc le mode normal et ordinaire d'extinction ? La nature immatérielle des êtres idéaux leur assurera-t-elle l'éternité, et la création d'une personne civile viendra-t-elle en augmenter le nombre sans cesse grandissant ? Cela ne se peut pas, et la seule règle à poser ici se trouve dans l'extension d'une formule donnée par les jurisconsultes à propos des contrats : « Nihil tam naturale est quam eo genere quidque dissolvere quo colligatum est. » (1)

L'État, maître absolu de créer les personnes civiles, tient en main leur existence, et peut, par le retrait de son autorisation, enlever la vie qu'il a seul pu conférer.

Ce retrait d'autorisation peut être implicite ou formel. Nous dirons qu'il est implicite quand l'acte de constitution de l'*universitas* contiendra l'expression d'un terme *ad quem*, d'une condition *ad quam*, ou la mention expresse d'un but à atteindre, etc. La sanction donnée par l'État à la constitution et aux diverses modalités qu'elle mentionne, vaut un retrait tacite d'autorisation pour le jour où le but sera accompli, où le terme sera arrivé. La *confectio negotii*, l'expiration du terme éteindra donc de plein droit la personnalité de la corporation.

L'État peut en outre, par l'expression formelle de sa volonté toute-puissante, retirer du monde juridique la personne qu'il y avait fait entrer. Les motifs de ces décisions souveraines peuvent être variables : une corporation créée sous une influence légitime, dans un but louable, change-t-elle sa direction, vient-elle compromettre la sûreté publique, le législateur trouve dans le principe de

(1) L. 35, Dig. L. 17.

la raison d'État la justification de la mort dont il frappe
l'être moral. Une fondation charitable ou autre, même
ne déviant pas de sa ligne primitive, peut cesser de présenter, à un moment donné, les avantages qu'elle offrait
au début : l'État ne saurait être blâmé s'il la détruisait
pour éviter un double emploi ou une complication dans
les voies ouvertes pour arriver au même but d'utilité générale.

Gaius, dans un texte relatif à l'usufruit, dit que la
mort naturelle ne peut pas atteindre le municipe, et il
ajoute : « Nec facile capitis deminutione periturus
est ». (1) Ces expressions n'écartent pas d'une façon absolue la possibilité d'appliquer la *capitis deminutio* à la personne civile ; elles en constatent seulement la rareté.
Nous pensons qu'il faut entendre par cette espèce de *capitis deminutio*, le châtiment particulier dont furent frappées
certaines cités, comme Capoue, qui fut réduite, selon
le mot de Tite-Live, à n'être plus qu'un lieu habité :
« Habitatur tantum Capua et frequentatur tanquam urbs :
nullum corpus civitatis. » (2)

Nous avons signalé plus haut le droit de propriété des
personnes civiles, et nous y insisterons ultérieurement.
Mais il faut se demander ici, quoique les textes man-
quent, ce que deviendront les biens qui composent le
domaine d'une *universitas*, quand celle-ci vient à disparaître. — On pourrait être tenté de tirer des lois 1, § 2,
et 3, pr. au Digeste (XLVII, 22) une induction pour régler
la dévolution des biens d'une *universitas* supprimée, au
profit de ses membres.

(1) L. 56, Dig. VII, 1.
(2) Voir aussi la loi 21, Dig. VII, 4.

Piébourg.   3

Le premier fragment nous apprend qu'un rescrit des *Divi fratres* défendit de faire partie de plus d'un collége autorisé : l'individu qui était membre de deux colléges devait opter, en conservant d'ailleurs le droit de réclamer à la corporation qu'il quittait la part qui lui revenait *ex ratione quæ communis fuit*. — Etendre cette décision, et y voir une règle applicable au cas normal d'une association unique dont un membre se sépare, ce serait fausser le sens de la loi. Dans l'espèce qu'elle prévoit, les deux colléges sont en quelque sorte illicites à l'égard de l'individu qui fait partie de l'un et de l'autre ; son option lui assure une position légale, et le collége qu'il abandonne n'a jamais eu, par rapport à lui, d'existence juridique ni de personnalité : on comprend donc la décision du jurisconsulte, mais elle est spéciale au cas prévu dans le texte.

L'autre fragment, émané également de Marcien, n'a pas plus de force que le premier. Le jurisconsulte décide que les membres d'un *collegium illicitum* peuvent, à sa dissolution, se partager les biens qui étaient en commun. — Il nous est impossible d'étendre cette décision au cas de mort d'un *collegium licitum* ; voyons, en effet, combien est grande la différence. Dans l'hypothèse de la loi 3, il s'agit simplement d'une juxtaposition de biens, d'une agglomération de personnes : il n'y a pas de nouvel être créé, pas de nouveau patrimoine ; aussi quand le législateur disperse ces associés réfractaires à la loi, on comprend que chacun d'eux retire de la communauté son apport, qui s'en détache en quelque sorte de lui-même.

La corporation qui a obtenu de l'État la personnalité civile constitue, au contraire, un être moral distinct de ses membres. A sa mort, il faut régler sa succession. Nul n'oserait dire que les associés sont les parents de la personne civile : idée absurde qui ne peut se discuter ; mais on se laisserait aller volontiers à admettre qu'un certain lien subsiste après la mort de l'être moral ; il y aurait, au profit des anciens membres, une espèce de survivance qui se traduirait en fait par le partage des biens de la corporation.

Cette théorie n'est pas la nôtre (1) : non, les associés ne sont pas les successeurs, et en quelque sorte les restes de la société. Donc, ils ne doivent pas recueillir son patrimoine ; donc, ils ne doivent pas se partager les dons ou legs qu'un tiers avait adressés à la personne civile, et non pas à chacun des individus qu'elle comprenait dans son sein. Ils ne peuvent pas se partager les biens de l'être moral, car ils ne sont pas ses héritiers ; ils ne peuvent pas invoquer davantage un droit de copropriété ; car nous avons montré que la personne civile et ses membres ont chacun un patrimoine distinct.

En présence de ces observations, que décider sur la question si grave qui s'agite ? La solution est simple. Faute de parents (la personne civile n'en a pas et ne peut pas en avoir) pour recueillir la succession *ab intestat*, les biens de l'*universitas*, fondation ou corporation, sont dévolus à l'État comme *bona vacantia* : telle est du moins la règle depuis la loi *Julia caducaria* (2). L'État cependant n'y aurait aucun droit, s'il avait sanctionné les statuts d'une *universitas*, indiquant une future destination pour les biens de la personne civile après la mort de celle-ci.

______

(1) Elle ne peut du reste se concevoir que par rapport aux corporations. Quant aux fondations, elle est manifestement inapplicable.

(2) Gaius, II, 150 ; Ulpien, XXVIII, § 7.

Ce système, nous l'avouons, n'est pas sans offrir de graves dangers. L'État étant appelé à recueillir les biens de la personne civile qu'il a le pouvoir d'anéantir, ne peut-on pas craindre des suppressions arbitraires, préludes de véritables spoliations? Ces conséquences possibles ne nous arrêtent pas, malgré leur rigueur. Nous ne trouvons pas étonnant, nous trouvons même logique, que le législateur romain, si avare de la concession de la personnalité, se soit réservé le droit de supprimer les êtres moraux, et de leur couper leurs dernières ressources en s'attribuant leur ancien patrimoine.

On voit au Code théodosien (1) une application de ce principe: les empereurs chrétiens s'approprièrent les biens des temples païens qu'ils supprimèrent, et les consacrèrent à divers usages, notamment à la dotation des églises chrétiennes.

(1) L. 20, C. th. XVI, 10.

DEUXIÈME PARTIE

APERÇU HISTORIQUE ET ÉNUMÉRATION DÉS PRINCIPALES PERSONNES CIVILES.

Il n'entre.point dans notre plan de donner de longs détails sur l'histoire et l'organisation des diverses personnes civiles reconnues à Rome. Cette étude excéderait de beaucoup les limites du cadre que nous nous sommes tracé : l'histoire et les droits des municipes fourniraient matière à une étude spéciale; les associations religieuses demanderaient à elles seules de longs développements, etc.

Nous devons donc nous circonscrire, et nous contenter de quelques idées générales sur la matière, groupées dans le seul but de ne pas laisser de lacune dans la disposition générale du sujet. Pour mettre un peu d'ordre dans cette énumération, nous adopterons la division suivante.

I. — En premier lieu, nous dirons quelques mots sur les personnes civiles en quelque sorte nécessaires, qui touchent par plus d'un point à l'organisation des pouvoirs publics.

Les rapports de droit privé étant les seuls dont il soit question ici, nous n'aurons pas à parler de certains corps judiciaires ou administratifs, qui malgré leur unité ne constituent pas des êtres moraux ayant le droit de posséder, d'acquérir, de se faire représenter, etc. Tels furent le collége des consuls et celui des tribuns du peuple.

Les classes, les tribus, les centuries, unités politiques de premier ordre, ne sont pas des personnes civiles. Il en est de même d'une succession de souverains, ou d'une succession d'envoyés chargés de faire exécuter les rescrits du prince, ou bien encore d'une réunion de *judices* : il est vrai que du changement de l'un d'eux ne résulte pas le changement du *judicium*, mais ce n'est là qu'une question de procédure (1).

Ces différents corps ont leur sphère d'activité dans l'ordre administratif, tandis que la personnalité civile est l'assimilation à l'individu dans les rapports de droit privé. Il se pourrait cependant qu'un de ces corps reçût par exception le droit de posséder ou de recueillir par testament; c'est ainsi qu'on peut expliquer peut-être la présence de deux textes (2) qui accordent aux légions la faculté de recueillir des successions. En tout cela, d'ailleurs, les points obscurs sont nombreux, et en face de ces textes isolés, M. de Savigny avoue qu'il est incapable de dire si la légion était ou non une personne civile reconnue (3).

II. — Secondement, nous passerons en revue les divers genres d'associations volontaires qui furent si nombreuses à Rome.

(1) L. 76, Dig. V, 1 ; Nov. 134, ch. 6.
(2) L. 6, § 7, Dig. XXVIII, 3, L. 2, Code VI, 62.
(3) Savigny. L. II, chap. II, § 85.

III. — Les fondations, et principalement les fondations religieuses, feront l'objet de notre troisième chapitre.

Chacune de ces divisions sera suivie de la liste des priviléges accordés à ces diverses personnes civiles.

IV. — Enfin nous poserons la controverse qui divise les interprètes sur l'hérédité jacente.

CHAPITRE PREMIER.

PERSONNES CIVILES RENTRANT DANS L'ORGANISATION DES POUVOIRS PUBLICS.

La République romaine, ou pour parler en termes plus généraux, l'État, eut de tout temps cette personnalité que les termes mêmes de « Respublica, civitas » nous permettent de constater. Sans doute, aucune loi ne lui a formellement attribué le caractère de personne civile; mais le consentement unanime de tous les citoyens ne suffisait-il pas? Et, d'ailleurs, qu'était-il besoin de poser ici un principe, dont l'utilité n'a de portée qu'au point de vue du droit civil? La République romaine ne relevait d'aucun tribunal : ses droits litigieux étaient jugés administrativement. Elle avait pour représentants les magistrats en qui se personnifiait l'autorité centrale; et la propriété dont l'État jouissait sur certains biens faisait plutôt partie d'une sorte de droit national que du droit privé proprement dit.

On peut donc croire que « ce n'est pas en vue de la République que s'établit et se développa le principe de la personnalité civile, bien qu'on eût, dans son intérêt, créé des garanties semblables à celles qui protégeaient les particuliers, et dont le *jus prædiatorum* nous fournit un exemple. » (1).

Combien, au contraire, le principe n'avait-il pas d'utilité pour les villes dépendantes : elles étaient justiciables des tribunaux ordinaires, ce qui appelait l'institution d'une représentation en justice, c'est-à-dire l'un des principaux caractères de la personne civile. C'est de ces villes, municipes, colonies, etc., que nous parlerons d'abord.

§ 1. — *Communes.*

C'est sous ce titre que Savigny range les différentes villes de l'*orbis Romanus*.

Nous avons dit déjà qu'à la diversité primitive de leurs constitutions avait succédé une uniformité qui les soumit toutes à des règles analogues. Le droit de cité, concédé d'abord aux municipes avec ou sans l'*optimum jus*, fut |communiqué graduellement aux colonies, aux préfectures, aux villes jouissant du *jus latinitatis*. Ces dénominations différentes perdent tout sens pratique à partir de l'an 664 de Rome, date des lois *Julia* et *Plautia Papiria de civitate*.

Depuis Caracalla, l'assimilation est complète dans tout l'*orbis Romanus*. En même temps que ce mouvement, dont le mobile principal fut peut-être un intérêt fiscal, il se produisit un puissant développement de l'indépendance locale : Rome ne conserva qu'une sorte de prééminence sur de petits États qui formaient autant de répu-

---

(1) Savigny, L. II, ch. II, § 87.

bliques au sein de la grande. « Auguste, dit M. Giraud, dissémina l'esprit d'indépendance dont le foyer embrâsait naguère la capitale. »

Ce régime libéral et décentralisateur s'étendit aux villes d'Italie et au delà; et quoique nous ne connaissions pas de loi générale à ce sujet, nous trouvons de précieux documents dans la *Lex Galliæ cisalpinæ*, et dans les tables de Malaga et de Salpenza, qui montrent que les gouverneurs avaient parfois le pouvoir d'organiser le régime municipal dans leur province. L'une des grandes préoccupations de Jules César paraît avoir été d'améliorer la situation des colonies et des municipalités, et la table d'Héraclée ne serait, d'après Savigny, qu'un débris d'une de ses grandes lois municipales; il paraît avoir débuté, dans cet ordre d'idées, par ses fameuses lois *Juliæ agrariæ*, dont les bronzes d'Osuna, récemment découverts en Espagne, sont sans doute un fragment (1).

Les divers centres d'administration locale régis par ces *leges municipales* ou *leges municipii*, portent des noms variés dont nous devons donner une rapide nomenclature.

Les titres « Respublica, civitas » qui à l'origine n'appartenaient qu'à Rome, cessèrent, avec le temps, de représenter sa majesté suprême, pour s'appliquer à toute importante réunion d'habitants (2). On rencontre aussi dans les textes les expressions *Respublica civitatis* ou *municipii* (3).

---

(1) M. Giraud : Les bronzes d'Osuna, fragments nouvellement découverts de la loi coloniale de Genetiva Julia.

(2) L. 6, § 1, Dig. I, 8. — LL. 1, § 1, 2, 3, 8, Dig. III, 4. — Code XI, 29 à 32.

(3) L. 31, § 1, Dig. XLVII, 2; L. 4, Code XI, 29.

Les colonies sont créées à l'image de la métropole, et les *agrimensores* leur donnent le nom de *personæ publicæ*.

Le *municipium* (1) désigne la ville qui, tout en conservant une partie de ses lois originaires, empruntait à la constitution romaine certaines institutions. D'ailleurs, le type n'en était pas unique ; on sait que la ville des Cérites n'avait pas le *jus suffragii ;* il est vraisemblable que la proportion dans laquelle ces divers éléments étaient groupés se trouvait déterminée dans le traité passé par la ville vaincue avec Rome. On trouve plus souvent dans les textes le terme *municipes* qui s'applique aux citoyens des colonies et des municipes, et qui désigne même la ville, par opposition aux habitants en tant qu'individus (2).

Entre les villes et les villages se placent les *fora, conciliabula, castella,* agglomérations d'habitants dont les recueils de Justinien ne nous parlent pas, mais qui figurent à la *lex Galliæ cisalpinæ,* et dans une précieuse énumération contenue aux sentences de Paul (3).

Le *vicus* ou village appartient au territoire d'une ville, de même que les îles d'Italie sont une partie de l'Italie et des provinces (4). Néanmoins, ce sont des personnes civiles : un rescrit leur reconnaît la capacité d'être légataires ; elles peuvent également plaider (5).

Les cités ne jouissent pas de tous les priviléges accor-

(1) L. 7, pr. Dig. III, 4 ; L. 22, Dig. XLVI, 1.

(2) LL. 2, 9, Dig. III, 4 ; L. 15, § 1, Dig. IV, 3 ; L. 1, § 7, Dig. XLVIII, 18. — Ulp., t. XXII, § 2.

(3) M. Giraud. *Novum Enchiridion,* p. 614. — Paul, IV, 5, § 2.

(4) L. 30, Dig. L. 1 ; L. 9, Dig. V, 1.

(5) L. 73, § 1, Dig. XXX ; L. 9, § 5, Code II, 59.

dés aux impubères, bien qu'on les compare souvent avec eux. Cependant on les y assimile parfois; ainsi les *respublicæ* peuvent se faire accorder la *restitutio in integrum* contre tout acte dommageable (1).

Nous avons vu plus haut que l'aliénation de leurs immeubles est soumise à des formes particulières. Elles ont un privilége personnel sur les autres créanciers chirographaires de leur débiteur (2). Enfin, je signalerai plus loin quelques priviléges qui sont communs aux villes et au fisc.

§ 2. — *Corps de magistrats.*

L'étude de la constitution des personnes civiles a nécessité quelques détails sur le rôle des magistrats municipaux; ce qu'il importe de faire observer ici, c'est que le corps des décurions, l'*ordo*, émanation et représentant du municipe, constitue lui-même une personne civile, au sein d'une autre *universitas*. Cette idée est toute romaine; de nos jours, la commune et le département sont des êtres moraux, mais le même caractère n'a jamais été reconnu au conseil municipal ni au conseil général.

La personnalité de la corporation des décurions ressort de la loi 7, § 2, Dig. (III, 4); mais des auteurs n'ont voulu y voir que le principe de l'unité de la *civitas*. La loi 2 au Code (X, 33) le considère encore comme corporation particulière, et une constitution de Théodose et de Valentinien lui attribue la succession des décurions qui meurent sans laisser d'héritiers.

---

(1) LL. 3, 4, Code XI, 29; L. 4, Code II, 54; L. 7, Dig. I, 18; L. 1, Code I, 50; L. 9, Dig. XLIX, 1.
(2) L. 38, § 1. Dig. XLII, 5.

On peut s'étonner qu'aucun texte ne parle du patrimoine du Sénat de Rome, le plus élevé cependant de tous les *ordines;* mais ce silence s'explique aisément si on tient compte de sa haute situation qui mettait à sa disposition sous la République l'*ærarium populi.*

Entre le peuple et le Sénat se plaçait un corps intermédiaire, prenant part quelquefois aux actes du gouvernement, et figurant sur les monuments qui nous ont conservé leurs délibérations; c'était à Rome l'ordre des chevaliers, et dans les municipes l'ordre des *Augustales :* tous deux étaient divisés en *seniores* et *juniores.*

Ces *Augustales* avaient eu à l'origine un caractère sacerdotal et municipal : et Auguste les avait rétablis après quelques années de désuétude sous le nom de *magistri vicorum* à Rome, et d'*Augustales* en province. Bien que les recueils législatifs ne contiennent aucun renseignement sur cette corporation, il est impossible d'en nier l'existence en face des inscriptions retrouvées par centaines, et qui contiennent les expressions significatives d'*ordo* et *corpus Augustalium.*

On ne peut pas objecter que les monuments relatifs à certaines villes (Atina, Misêne, Laurentium) ne constatent que deux ordres : le Sénat et le peuple. La formule S. P. Q. R. ne mentionne pas en effet la présence de l'*ordo equitum;* et cependant on ne conclut pas de ce silence à l'inexistence du corps des chevaliers à Rome.

Et non-seulement le *corpus Augustalium* existait, mais encore les inscriptions signalent par rapport à eux les divers caractères constitutifs de la personnalité civile. Les Augustales avaient l'*arca communis* alimentée par certains versements destinés à la construction des monuments sacrés, à leur entretien, à des fondations pieuses, etc. (1). Ces actes étaient accomplis en vertu d'un décret, *decreto sevirorum augustalium*.

Il est permis de voir dans la disparition du corps des Augustales une des causes de l'augmentation des charges qui pesèrent sur les curies, au point de rendre cette magistrature, jadis honorable et enviée, odieuse même aux criminels qu'on y poussait (2).

Pour tempérer ces rigueurs, certains priviléges furent créés en faveur des décurions : Ils étaient exemptés de la torture (3); ils avaient en cas d'indigence droit à des aliments, dans le cas surtout où ils s'étaient ruinés par des dépenses faites au profit de la cité (4); ils n'avaient pas à supporter de charges extraordinaires étrangères à leur cité; enfin, l'oblation à la curie leur facilitait le redressement d'une situation illégitime, tout en augmentant le nombre des décurions.

§ 3. — *Le Fisc*.

Au-dessus des diverses circonscriptions administratives et des corps de magistrats chargés d'y présider, il faut parler de la grande corporation par excellence, qui domine toutes les autres : l'État, formé de l'association de tous les citoyens.

(1) Un monument de l'an 778 de Rome nous montre que cet ordre avait, comme presque toutes les corporations, ses repas publics ; et une autre inscription nous a conservé un testament fait en faveur du collége des Augustales pour subvenir aux frais de ces banquets.

(2) M. Egger : *Recherches sur les Augustales*, formant appendice à l'examen critique des historiens anciens de la vie et du règne d'Auguste.

(3) L. 2, § 2, Dig. L. 2; L. 16, Code IX, 41.

(4) L. 8, Dig. L. 2.

On sent combien serait vaste l'étude de l'Etat envisagé comme personne politique et au point de vue du droit public et international ; elle appellerait un commentaire détaillé du titre *de jure fisci*, et nécessiterait des recherches minutieuses dans les constitutions du Code théodosien. Nous ne l'entreprendrons pas. C'est uniquement dans ses rapports de droit purement civil qu'il nous faut considérer l'Etat ; dans cet ordre d'idées, il se personnifie dans le trésor public.

Sous la République il porte le nom d'*ærarium* : les droits que l'Etat avait sur les biens se résolvaient en recettes et en dépenses pour la caisse publique. Les fonds provinciaux appartiennent à l'Etat, et nul ne peut en acquérir la propriété quiritaire. Dès les premiers temps du régime impérial, un partage s'opéra dans ces immeubles de province : l'empereur se réserva la surintendance et l'administration des frontières et des provinces les plus agitées ; le Sénat conserva, au contraire, sur les parties calmes de l'empire l'antique droit du peuple romain.

Les premières, administrées par des *legati Cæsaris* désignés par le prince, versaient entre les mains du *procurator Cæsaris* délégué aux finances, l'impôt appelé *tributum* qui servait à alimenter le fisc ou trésor de l'empereur (1). Dans les provinces du peuple, l'administration générale était confiée à un proconsul, et le département des finances relevait des *quæstores*, chargés de faire ren-

---

(1) Ce *fiscus* ou *fiscus Cæsaris* comprend les fonds qui, à la mort de l'Empereur, passent en la possession de son successeur au trône. Il faut en distinguer avec soin le domaine privé du souverain qui se transmettait selon les règles ordinaires du droit civil : on le désignait sous le nom de *Res privata principis, res dominica, sacrum patrimonium*.

trer dans l'*ærarium* ou trésor du peuple, les impôts nom -
més *stipendia*.

Ainsi, à la division des fonds de province, s'ajouta un
partage des charges et des recettes, il se maintint jusqu'au milieu du IIIe siècle, vers l'époque d'Adrien. A
mesure que la pente s'accentue vers le Bas-Empire, le
contrôle du Sénat sur l'*ærarium* s'affaiblit peu à peu, et
les princes s'arrogèrent le droit de puiser sans distinction
dans le *fiscus* et dans l'*ærarium*. Les deux caisses n'existent plus qu'à l'état de souvenir administratif (1) ; en
fait, c'est un trésor unique, qui reproduit avec le terme
moderne de *fiscus*, l'unité de l'ancien *ærarium populi*.

Cependant, bien que sous Adrien la fusion des deux
trésors soit consommée, il se conserve encore des ves-
tiges de l'ancienne séparation. Nous constatons en effet
dans la *notitia dignitatum imperii*, sorte de répertoire des
charges de l'empire, la présence d'une sorte de ministre
du trésor public, sous le nom de *comes sacrarum largitio-
num*, et d'un intendant de la liste civile avec le titre de
comes rerum privatarum.

Outre la propriété du territoire et la perception des
impôts, le fisc recueillait les biens confisqués, les *caduca*,
les *bona vacantia*, et, d'une façon générale, les biens qui
pour des causes nombreuses lui étaient attribués (1).

Cette capacité d'être propriétaire, et le droit reconnu
au fisc de plaider, démontrent d'une façon complète sa
personnalité civile. Signalons en outre quelques-uns des
nombreux priviléges que des lois successives lui ont con-
férés, mais faisons d'abord observer qu'ils sont de stricte

(1) L. 1, C. théod. XI, 18.
(2) L. 1, pr. Dig. XLIX, 14 ; Paul V, 12 ; Code X, 10.

application, et qu'on ne peut pas les étendre ; c'est en ce sens qu'il faut entendre la formule *in dubio contra fiscum*.

Les biens du fisc, de l'empereur et des cités sont soustraits à l'usucapion (1).

Le fisc n'est jamais tenu de donner caution : *fiscus semper solvendo censetur ;* ainsi, s'il est institué héritier, il n'aura pas à fournir la *cautio legatorum* (2). Quand un prêt a été fait par le fisc ou par une cité, les intérêts courent à son profit *ex nudá pactione*, sans stipulation expresse (3). La pollicitation faite par un tiers en faveur du fisc ou d'une cité engendre un droit.

L'État peut, au lieu de provoquer la vente et la licitation d'un bien sur lequel il a un droit indivis, le vendre de son chef, sauf à donner une partie du prix à son copropriétaire (4).

Le fisc, l'empereur et l'impératrice, ont le privilége de pouvoir transférer la propriété d'une chose qui ne leur appartient pas (5). Mais l'ancien propriétaire dépouillé immédiatement a le droit d'exercer, pendant quatre ans, une action en indemnité contre l'aliénateur (6).

Le fisc, l'empereur et l'impératrice ont une hypothèque générale contre un débiteur quelconque, sauf le cas où la dette résulte d'un délit (7). Cette hypothèque légale ne paraît avoir été introduite que sous Caracalla ; les textes antérieurs signalent en effet des stipulations spéciales du fisc tendant à se faire concéder des hypothèques (8).

(1) L. 3, Dig. XLI, 3.
(2) L. 2, Dig. XXIII, 5 ; L. 1, § 18, Dig. XXXVI, 3.
(3) LL. 30, 43, Dig. XXII, 1.
(4) L. 1, Code X, 4.
(5) L. 6, § 1, Dig. XLIX, 14.
(6) Instit. II, 6, § 14 ; L. 3, Code II, 37 ; LL. 2, 3, Code VII, 37.
(7) L. 2, Code VIII. 25 ; LL. 17, 37, Dig. XLIX, 14.
(8) L. 10, pr. Dig. II, 14.

CHAPITRE II.

L'homme, en présence des mille difficultés du monde extérieur, a cherché de tous temps chez son semblable une intelligence qui pût penser et prier avec la sienne, un cœur dans lequel il pût trouver un appui et une affection, un bras qui pût l'aider dans son travail. Cette attraction naturelle de l'homme vers l'homme contenait le premier germe de l'association ; voyons comment il se développa dans la société romaine.

§ I. — *Associations religieuses.*

A l'origine de Rome, le droit civil est essentiellement aristocratique et religieux; il n'est en quelque sorte qu'un appendice au droit sacerdotal (1). On comprend dès lors de quelle autorité fut entouré le collége des pontifes; la juridiction leur appartenait, et ce sont eux qui conservaient les actions de la loi (2). Ces colléges de prêtres furent nombreux et avaient un caractère officiel; il suffit de citer celui des augures et celui des vestales.

Ces divers colléges, intimement liés à l'organisation des pouvoirs publics, constituaient des personnes civiles ; ils avaient par conséquent la capacité d'être propriétaires et d'acquérir en vertu d'un testament (3). Nous lisons

(1) M. Gide, à son cours.
(2) L. 2, § 6, Dig. I, 2.
(3) L. 38, § 6, Dig. XXXII.

Piébourg.   4

dans l'*agrimensor Hyginus* : « Virginun quoque Vestalium et sacerdotum quidam agri vectigalibus redditi sunt et locati. »

En dehors de ces grands colléges, auxquels étaient confiés les intérêts religieux de la nation, la famille romaine rendait personnellement ses devoirs à un dieu spécial ; les mêmes jours, les membres épars d'une famille, quelque nombreuse qu'elle fût, se réunissaient auprès du même autel : cette assemblée, fondée sur l'unité de culte et sur la communauté d'origine, formait une *sodalitas.*

Les populations pauvres et plébéiennes, privées de la communauté de culte par l'impossibilité de remonter à un même auteur, avaient des *collegia compitalitia,* institués pour rendre les honneurs divins à un dieu dont on installait l'image dans les carrefours. « Compitales lares ornari bis in anno instituit vernis floribus et æstivis (1). »

Cette idée première de la *sodalitas* perdit peu à peu son caractère distinctif, et Cicéron (2) ne nous en parle que comme d'une association amicale, qui conservait de ses anciennes pratiques religieuses, l'usage d'un banquet commun.

En même temps qu'une transformation s'opérait dans le droit et dans la politique, les idées religieuses furent également déplacées ; l'autocratie impériale absorba tout en elle, et c'est à peine si l'on s'étonne de voir l'empereur monter après sa mort au rang des dieux. Ces divinités de création récente appelaient l'institution de prêtres

(1) Suétone, *Octave,* 31.
(2) *De senectute,* § 13.

pour servir le nouveau culte, et les littérateurs nous ap·
prennent la création d'un collége de prêtres *Augustales*,
puis de *Claudiales*, *Flaviales*, *Titiales*, *Hadrianales*, *sodales
Antonini*, etc.

Il faut bien se garder de confondre, comme certains
auteurs, M. Zumpt par exemple, les *sodales Augustales*
dont nous parlons, avec les *Augustales* des provinces que
nous avons indiqués plus haut. Deux raisons péremptoires suffiront pour écarter cette assimilation.

1° S'il y avait identité entre les deux corporations dont
il s'agit, il faudrait admettre que les *Augustales* de province furent institués par l'empereur Tibère ; or, des inscriptions révèlent leur présence du vivant même d'Auguste.

2° Les magistrats *Augustales* étaient choisis dans les
rangs inférieurs de la société ; nous y voyons des affranchis, un cuisinier, un pantomime, etc, Les *sodalesAugus-
tales,* au contraire, étaient tirés au sort parmi les premiers
citoyens ; il semble même que le collége eût dû se composer régulièrement de membres de la famille Julia.

Cette institution nouvelle est contemporaine de la
grande révolution religieuse qu'une doctrine naissante
soulevait déjà dans l'occident. Le christianisme posait
ses premiers fondements : des associations religieuses
surgirent, mais d'un autre genre ; il n'était plus nécessaire de descendre d'une même famille pour prendre
part aux pieux exercices, ou plutôt, l'idée de la famille
religieuse s'était tellement élargie que le genre humain
tout entier s'y trouvait compris. Ces populations pauvres,
privées jusqu'alors de culte particulier, entrèrent dans
la corporation nouve le qui s'ouvrait à tous les déshérités
de ce monde.

Ces assemblées d'un nouveau genre effrayèrent le pouvoir impérial ; elles constituaient des associations illicites, et l'on peut croire que les persécutions, où se mêla sans doute le fanatisme et l'affolement d'une religion sur le déclin, furent ordonnées comme répression légale d'une corporation envahissante et non autorisée. Les premiers chrétiens s'occupaient peu d'obtenir l'autorisation du pouvoir ; et les empereurs durent être plus sensibles à ce mépris de leur inflexible autorité qu'à l'exercice d'un culte nouveau. Marcien nous dit en effet : « Religionis causa coire non prohibentur ; dum tamen per hoc non fiat contra senatusconsultum, quo illicita collegia arcentur (1). »

Après des alternatives de rigueur et de tolérance, de persécutions et de priviléges, qui s'appliquèrent tour à tour au culte païen et à la religion chrétienne, celle-ci triompha définitivement sous Constantin, par l'édit de Milan. Ce fut le point de départ de nombreuses fondations sur lesquelles nous aurons à revenir ; nous verrons qu'elles constituent des personnes civiles.

Quant aux colléges de Juifs, ils étaient tolérés à Rome ; mais une constitution de 214 (l. I, *Code* de Judæis) nous apprend que le legs fait en leur faveur était de nul effet ; on pourrait peut-être en conclure qu'ils n'avaient pas la personnalité juridique.

§ II. — *Associations amicales.*

Les associations amicales, dont les auteurs nous ont conservé les traces, avaient des points de similitude avec

(1) Loi 1, § 1, Dig. XLVII, 22.

les confréries religieuses qui existaient sous la république. Les noms même de *sodalitas, sodalis, collegia sodalitia*, qui changent de sens précis, avaient à l'origine désigné les cercles religieux composés des membres d'une même famille.

De ce que Caton, cité par Cicéron, parle de *sodalitates* instituées du temps de son âge mûr, il ne faut pas conclure que de là seulement date l'origine des sociétés religieuses. Elles existaient dès les premiers temps de Rome (1), et Caton parle seulement soit des corporations fondées en l'honneur de Cybèle, soit des réunions amicales et de secours mutuels dont le but était variable (2).

L'arca communis de ces associations était alimentée par des cotisations périodiques qui servaient le plus souvent à subvenir aux frais des réunions mensuelles, et aux dépenses nécessitées par les repas de corps dont elles étaient l'occasion. Des liens de fraternité unissaient les *sodales*; la loi *Julia repetundarum* nous indique qu'ils ne pouvaient pas porter d'accusation publique l'un contre l'autre; et Cicéron, parlant des membres d'une société primitive, *ante constituta quam humanitas et leges*, dit, comme exemple de leur ignorance des règles, qu'ils s'appellent mutuellement en justice (3).

D'autres sociétés étaient instituées pour permettre aux pauvres gens, aux affranchis, de s'assurer, moyennant une faible rétribution, une sépulture décente. Leurs cadavres n'étaient pas jetés à la fosse commune, mais

(1) L. 4, Dig. XLVII, 22.

(2) « Sodalitates me quaestore constitutae sunt, sacris idaeis magnae matris acceptis. » (Cic. *de Senect.* 13.)

(3) Cicéron. *Pro Caelio Rufo,* XI.

leurs cendres, recueillies dans des urnes par des mains pieuses, avaient leur place dans un *columbarium* (1).

Considérés dans leurs rapports réciproques de confrères, les membres de ces associations avaient le nom de *collegæ* ou *sodales;* pris d'une façon abolue, et sans relation de personnes, ils s'appellent *collegiati, corporati* (2).

Ces corporations artificielles ont le droit de posséder et d'acquérir ; la loi 1, § 1, Dig., (III, 4), est générale, et ses termes larges comprennent les *sodalitates* dont nous parlons ; leurs fonds étaient administrés comme bon leur semblait; car la loi des XII tables avait à cet égard laissé une liberté complète, limitée seulement par le respect dû à l'ordre public. C'est l'infraction à ces règles de sûreté générale qui fut cause des suppressions dont nous trouvons le témoignage dans les auteurs classiques, et notamment dans Cicéron ; c'est aussi par suite des mêmes considérations que le sénat ordonna (186 avant Jésus-Christ), de poursuivre par voie extraordinaire la congrégation des bacchanales.

Les corporations amicales dont nous parlons changèrent, en effet, de caractère sous l'influence des courants divers qui agitaient Rome pendant la République. L'éducation politique du peuple eut pour résultat l'introduction des ambitions électorales au sein de ces réunions. Vainement l'accusation de brigue fut étendue sous le nom de *crimen sodalitiorum;* il fallut la promulgation d'une sénatus-consulte pour réprimer les déportements de ces colléges qui, créés dans un but pacifique, se lan-

(1) L. 4, Dig. XLVII, 22.
(2) Fragm. Vat., § 158; L. 5, Code IV, 63.

çaient dans des voies nouvelles, sans demander une autorisation indispensable, mais qui leur eût été certainement refusée. « Senatusconsultum factum est, ut sodalitates decuriatique discederent; lexque de iis ferretur ut, qui non discessissent, eâ pœnâ quæ est de vi tenerentur (1). » Ce sénatus-consulte fut porté après une émeute populaire racontée par Cicéron; ces sociétés où entraient tous les gens de bas étage soulevaient la populace, vendaient leurs suffrages dans les comices, et ajoutaient à ces honteux trafics la honte de scènes violentes dont le forum fut si souvent le théâtre.

Ces violences rendaient criminelles ces associations illicites, dont les membres étaient par là même passibles de poursuites individuelles; elles furent dissoutes, et poursuivies comme *crimen extraordinarium* (2). On aurait tort de voir, dans ces répressions, l'abolition générale de toutes les corporations : les motifs même de ces rigueurs en limitent l'étendue. Les colléges de prêtres et les sociétés d'utilité publique subsistèrent donc ; car le seul but poursuivi par ces actes législatifs était la suppression d'assemblées dangereuses pour le gouvernement ; ces mesures radicales touchèrent seulement les corporations qui, sous une dénomination licite, se faisaient agents d'élection, et vendaient au plus offrant les voix des misérables enrôlés.

Six ans après la suppression de ces *collegia*, Clodius les rétablit, l'an 696 de Rome; et Cicéron, dans sa virulente invective contre Pison, se laisse aller à un emportement que le danger de ces associations pourrait seul

(1) Cicéron. *Ad Quintum fratrem*. II. 3.
(2) L. 1, § 14, Dig. I, 12 ; Dig. XLVII, 22.

justifier : « Collegia non ea solum quæ senatus sustule-
rat, restituta sunt, sed innumerabilia quædam nova, ex
omni fæce urbis ac servitio concitata (1). »

Ce que l'orateur romain paraît redouter le plus, ce
sont les *ludi compitalitii*, supprimés en |686 de Rome, et
rétablis quelques années plus tard. D'ailleurs Jules César
et Auguste, soucieux du maintien de l'ordre dans l'État,
abolirent ces *sodalitates* dégénérés en clubs, et d'une
manière générale toutes les associations de création récente : « Cuncta collegia, écrit Suétone, præter antiqui-
tus constituta, distraxit. »

Quelle est donc la situation sous l'Empire?

Un texte de Marcien (2) pose comme règle l'interdiction absolue des *collegia sodalitia*, qui doivent être pris ici
dans le sens le plus large, c'est-à-dire dans le sens d'associations privées, volontaires (3); il est surtout recom-
mandé aux présidents de province de ne pas tolérer ces
associations entre militaires ; cette mesure est sans doute
dictée par la crainte que les prétoriens inspiraient aux
empereurs qu'ils élevaient ou renversaient presque à
leur gré.

A cette prohibition, il importe de signaler une exception intéressante ; elle concerne les *collegia tenuiorum*,
corporations de petites gens (4). Les esclaves eux–

---

(1) Cicéron, *in L. Calpur. Pisonem*, **IV**.

(2) L. 1, Dig. XLVII, 22.

(3) Le texte des basiliques porte ἑταιρικὰ συστήματα; or, la loi 4,
de collegiis et corporibus, nous montre que le terme hétairie a une
portée extrêmement large.

(4) Nous avons déjà dit que les suppressions n'avaient pas atteint non plus les colléges de prêtres, ni les associations d'utilité
publique.

mêmes pouvaient en faire partie, mais avec le consentement de leurs maîtres (1) ; ce qui se comprend aisément, puisque les associés devaient payer une cotisation ; or, les esclaves ne pouvaient la prélever que sur leur pécule, et en disposer à titre onéreux ou à titre gratuit, était un acte soumis à la volonté du maître.

On ne doit pas s'étonner de la faveur accordée aux *collegia tenuiorum*, si on tient compte de l'idée éminemment romaine qui y présidait. Le but de ces associations était d'assurer aux petites gens, pendant leur vie, une place aux banquets périodiques tenus à certaines fêtes patronales où à certains anniversaires, en les plaçant sous la protection de quelque patron important; c'était aussi et surtout de les consoler par la pensée que ce lien de fraternité survivrait après eux, et que leurs mânes trouveraient dans le *columbarium* un lieu de repos où les honneurs funèbres leur seraient rendus.

Nous n'insisterons pas sur ces *collegia* sur lesquels les inscriptions ont jeté une grande lumière ; qu'il nous suffise de dire avec Marcien que ces corporations, autorisées par l'État, avaient une caisse commune, qu'elles ne pouvaient se réunir plus d'une fois par mois ; et qu'une personne n'avait pas le droit d'être membre de deux colléges à la fois (2). Ces *collegia tenuiorum* diffèrent des fondations de bienfaisance dont ils se rapprochent par leur but, en ce que leur fonds de secours est alimenté par les cotisations des associés, et qu'ils en ont eux-mêmes la gestion.

(1) L. 3, § 2, Dig. XLVII, 22.
(2] Dig. XLXII, 22.

§ III. *Associations industrielles.*

Nous diviserons cette troisième section en deux paragraphes : l'un sera consacré aux corps de métiers, l'autre aux sociétés privées.

A. Corps de métiers.

Plutarque, dans sa *Vie de Numa* (1), attribue à ce prince la création des premières corporations à Rome, De même, dit-il, que pour unir deux corps solides, on les réduit en petites parties qui s'incorporent facilement, de même Numa, pour faire disparaître la division des Sabins et des Romains, les distribua en petits corps de métiers, et institua des assemblées, des fêtes et des rites religieux convenables à chaque corps : ainsi s'opéra réellement le mélange, et pour ainsi dire l'amalgame de tous les citoyens ensemble.

Quelle que soit la valeur de cette théorie sur l'unification politique, acceptons l'origine que nous propose l'historien, ne serait-ce que pour ne pas entrer à ce sujet dans les discussions archéologiques où les commentateurs modernes s'agitent sans trouver une solution qui s'impose. Aussi bien, voit-on dans les auteurs anciens des preuves non équivoques de l'existence de corps de métiers à une époque reculée de l'histoire de Rome. Ces corporations professionnelles reçurent avec le temps des extensions considérables, et furent gratifiées de nombreux priviléges.

Les *agrimensores*, arpenteurs-géomètres, avaient con-

(1) Vie de Numa, 17.

servé de leur ancien caractère sacerdotal un certain pres-
tige; et les services qu'ils rendaient n'étaient pas considérés comme un véritable louage : ils recevaient des
honoraires (1). Les *porcinarii urbis æternæ* sont, à raison
de leur grande utilité, exonérés des *sordida munera*, et
les textes du Code théodosien donnent aux *suarii*, aux
navicularii, et à beaucoup d'autre *corporati* une série de
priviléges (2).

Les officiers publics, chargés de fonctions subalternes,
comme les scribes, se réunirent de bonne heure en corporations : citons les *librarii*, les *fiscales*, les *censuales*, les
apparitores, les *scribæ*... etc, qui, divisés en décuries,
portaient le nom de *decuriati* ou *decuriales*. Cette expression,
qui s'applique également au sénat de Rome et des
autres villes, désigne plus spécialement sous la République, le collége des scribes, quand elle n'est accompa-
gnée d'aucun autre terme. Ils reçurent plusieurs priviléges à Rome et à Constantinople (3).

Citons encore les *navicularii*, les *pistores*, les *metallarii*,
les *fabricences*, les *fabri*, les *calcis coctores*, les *mancipes
thermarum*, les *suarii*, les *pecuarii*, les *chartoprati*, les
nautæ, les δενδροφόροι , les *tignarii*, les *tinctorii*, les *ful-
lones*... etc. (4).

Les développements ultérieurs nous montreront chez
eux les principaux signes de la personnalité civile;
presque toutes ces corporations sont capables de rece-

(1) L. 1, pr., Dig. XI, 6.
(2) Code XI, 16; Code Théod. XIII, 5.
(3) L. 3, § 4, Dig. XXXVII, 1; L. 22, Dig. XLVI, 1; L. 25, § 1.
Dig. XXIX, 2.
(4) L. 1. pr., Dig. III, 4; Code, L. XI passim; L. 6, Dig., L. 6.

voir des legs, et de succéder *ab intestat* aux membres qui les composent.

Les membres d'un collége ou d'une corporation qui pourraient d'après le droit commun être excusés de la tutelle, ne peuvent pas, à moins d'un privilége exprès, refuser de gérer celle de leurs collègues ou des enfants de ceux-ci. Toutefois les boulangers sont excusés de la tutelle, s'ils exercent eux-mêmes ; ceux de Rome sont même excusés de celle des enfants de leurs collègues, bien qu'il en soit autrement des *decuriales* et des membres des autres *corpora* (1). Sévère fit passer un sénatus-consulte défendant aux collègues d'un homme ou d'un pupille *in decuria vel corpore*, de *nominare potiorem*, afin de sauver l'intégrité des biens du pupille (2).

Cette sollicitude de l'Empereur pour les intérêts des jeunes gens membres de corporations, faisait partie d'un système analogue à celui que le Bas-Empire appliqua à la curie. Les princes s'intéressèrent à la conserservation de ces corporations dont ils saisirent l'administration : ces associations devinrent pour le despotisme impérial un instrument de règne : les *corporati* furent attachés à leur *collegium* comme le colon à la terre (3). Des priviléges leur furent concédés, mais c'est de leur liberté qu'il les payèrent ; car l'exercice d'une profession classée devint une fonction de l'État, à laquelle il était impossible de se soustraire.

(1) LL. 41, § 3, 46, Dig. XXVII, 1 ; Fragm. Vatic, § 141, 142, 223 à 237.
(2) Frag. vat. § 124, 158.
(3) C. Théod., L. 16. *De palatinis*, VI, 30.

B. Sociétés commerciales et industrielles.

Les associations dont nous venons de parler avaient pour fondement l'identité d'intérêt chez tous les membres de la corporation ; leur but était d'assurer aux associés un bien-être meilleur, et de produire une sorte d'assurance mutuelle contre les revers, sans qu'il fût nécessaire de réaliser un bénéfice : c'est alors qu'il y avait entre les associés un véritable sentiment de fraternité (1). Il existait aussi à Rome d'autres sociétés fondées par plusieurs individus en vue d'obtenir des bénéfices communs ; c'était, quant au but, quelque chose d'analogue à nos sociétés commerciales modernes ; seulement une énorme différence les sépare : à Rome, en effet, la société est un contrat, et n'est qu'un contrat ; l'actif commun appartient pour partie à chaque associé, mais ne constitue pas le patrimoine spécial d'un être de raison.

Les Romains, en un mot, n'ont pas, de droit commun, donné à la société la personnalité civile. Ce principe est fécond en conséquences pratiques, que nous mettrons en relief par un parallèle avec la personne morale.

1° Quand une *universitas* a le *corpus*, l'aliénation des biens communs ne peut être faite efficacement que suivant les règles et par les personnes énoncées dans les statuts. — Chaque associé d'une simple *societas* peut au contraire aliéner, prêter la part qui lui appartient dans le fonds commun ; et une disposition de la totalité ne vaudrait que du consentement de tous les *socii* (2).

2° Le représentant régulier de la personne civile la rend directement créancière, en stipulant d'un tiers, ou

(1) M. Labbé, à son cours.
(2 L. 16, Dig. XII, 1.

l'oblige en contractant une obligation pour elle, dans les limites de ses pouvoirs ; c'est lui qui intente les actions ou y répond ; tandis que l'associé qui conclut un contrat dans l'intérêt commun devient lui-même créancier et débiteur, sauf à se faire tenir compte par ses *socii* des dettes qu'il a contractées, 'ou à leur rendre compte des créances acquises par lui.

3° Si la société était une personne civile, ayant un patrimoine actif et passif, les créanciers personnels de la société seraient fondés à se faire payer sur ce patrimoine, par préférence aux créanciers personnels des *socii*. Or, il n'en est rien.

4ᵉ La personne morale étant seule titulaire de ses créances, l'un des membres ne serait pas admis à opposer la compensation à son créancier personnel, sous prétexte que celui-ci est débiteur de la société. — La décision inverse sera juste, au contraire, si nous supposons une société ordinaire.

5° Il importe peu, pour le maintien de la personne civile, qu'un ou plusieurs de ses membres disparaissent. A l'inverse, l'une des causes de dissolution de la société est la mort d'un associé, à moins qu'il n'ait été convenu expressément, lors du contrat, qu'il subsisterait entre les survivants.

A ces règles de droit commun, il est fait dérogation dans les cas où le législateur accorde à la société le titre et les droits de *personne civile*. C'est ce qui a lieu pour certaines sociétés importantes dont Gaius nous parle dans un texte déjà cité : celles des publicains, fermiers de l'impôt, et des entrepreneurs qui exploitent les salines et les mines d'or ou d'argent (1).

(1) L. 1, pr. Dig. III, 4.

Au sujet des *societates vectigalium* sur lesquelles les textes sont assez nombreux, il faut remarquer que la clause en vertu de laquelle la société subsistera entre les survivants, malgré le décès d'un des associés primitifs, est toujours sous-entendue. En outre, il est permis de convenir que l'héritier d'un associé prendra, à la mort de celui-ci, sa place et ses droits de *socius* dans toute leur étendue (1).

La société industrielle ou commerciale, même revêtue de la personnalité civile, diffère le plus souvent des autres personnes morales, en ce que celles-ci sont créées la plupart du temps pour satisfaire un besoin perpétuel et d'une nature générale, tandis que la *société privée*, comme disent certains textes (1. 59, *pro socio*), est limitée dans sa durée, parfois par l'accomplissement même du but cherché, *operis confectione*.

CHAPITRE III.

FONDATIONS.

Les fondations ne semblent pas avoir été nombreuses à Rome; c'est sur les fondations religieuses et de bienfaisance que les textes nous fournissent quelques détails.

L'enseignement public était donné par des professeurs payés par l'Etat ou par les cités, mais qui ne composaient pas de corporation : il n'y avait rien d'analogue aux universités et aux associations d'écoliers et d'étu-

(1) LL. 59; 63, § 8, Dig. XVII, 2.

diants, qui se développèrent au moyen âge, mais on leur accorda quelques priviléges (1).

C'est aussi par un abus de langage que des auteurs donnent le nom de fondations à des distributions soit de vivres, soit de biens affectés au secours des quartiers pauvres, et que rendaient nécessaires au Bas-Empire les progrès du paupérisme. De là ces répartitions de blé réglées administrativement, soit qu'elles émanassent de l'Etat, d'un particulier, ou d'une clause testamentaire imposée à un héritier ; de là ces largesses et ces spectacles (*panem et circenses*) qui n'existaient pas à l'état d'institution régulière, et dont l'Etat ou de riches particuliers faisaient les frais.

C'est Ulpien qui nous renseigne sur les fondations proprement dites à l'époque classique : « Les dieux, dit-il, ne peuvent être institués héritiers que si ce droit leur a été accordé par un sénatusconsulte, ou par une constitution impériale : tels sont Jupiter Tarpéien, Apollon Didyme, Mars en Gaule, Minerve de Troie, Hercule de Cadix, Diane d'Ephèse, Cybèle de Sipyle à Smyrne, et Célestis à Carthage ». (2).

Tel dieu étant localisé dans tel temple de telle ville, on comprend qu'il était facile à un testateur de distribuer en connaissance de cause ses largesses au profit d'une divinité spéciale qui s'identifiait avec le temple où elle était adorée.

Mais pourquoi la faveur dont parle Ulpien est-elle réservée à certains dieux, à certains temples ? On peut accepter l'explication suivante [: le droit religieux étant

(1) L, 6, § 1 et 2, Dig. XXVII, 1 ; Code X, 52.
(2) Ulpien, t. XXII, § 6.

dans les premiers siècles de Rome le droit de la nation, les dépenses nécessitées par le culte étaient payées par la caisse de l'Etat ou des cités. Il est probable aussi que l'Etat affectait aux besoins du culte les revenus de certains biens déterminés; puis la jouissance des choses que la consécration retirait du commerce, alimentait les colléges de prêtres chargés de présider à l'administration des temples; dès lors, ils n'avaient guère besoin de la personnalité civile. Ces colléges étant nombreux, il eût été à craindre que les biens sortissent en grande quantité du commerce; aussi le contrôle de l'Etat s'exerçait-il sur la consécration : d'abord l'assentiment du peuple entier fut nécessaire; sous Justinien, le pouvoir législatif n'a plus à intervenir (1).

Avec le christianisme commence une autre phase de l'histoire qui nous occupe. Les droits attachés à la personne civile sont largement concédés par les empereurs chrétiens aux Eglises, depuis l'importante constitution de Constantin, qui marque le point de départ dans cet ordre d'idées (2). Chaque Eglise constitue une *universitas ordinata*; mais on ne trouve à cette époque rien d'analogue à ce que nous appelons les fabriques de paroisses, composées de clercs et de laïques. C'est l'évêque ou l'économe qui sont chargés de gérer les affaires de l'Eglise et de la représenter (3).

On aurait pu comprendre théoriquement la personnalisation de l'Eglise universelle. Rien n'eût été plus rationnel, puisque la nouvelle religion enseignait l'existence d'un Dieu unique, et que l'Eglise chrétienne était fondée

(1) Gaius, II, § 5; L. 6, § 2, 3. Dig. I, 8; Inst. II, I, § 8.
(2) L. 1, Code I, 2.
(3) LL. 33 § 4; 42 § 3, 5. Code I, 3.

Piébourg.   5

sur le même principe d'unité : la communauté de foi faisait de l'assemblée de tous les fidèles une immense corporation : on pouvait donner à cette corporation, envisagée comme être moral, les droits constitutifs de la
personnalité civile.

Les besoins de la pratique s'opposaient à l'adoption
d'un pareil système : il était plus simple d'accorder ces
droits aux diverses églises locales. Cette pluralité de
personnes juridiques offrait un moyen commode d'interpréter certains actes dans le sens le plus plausible et le
plus vraisemblable; ainsi nous lisons à la loi 26, au
Code *de sacrosanctis ecclesiis*, les décisions suivantes : Si
une personne institue Jésus-Christ héritier, on doit entendre par là l'Eglise de la ville ou du village où elle de-
meurait. Institue-t-elle un martyr ou un archange, sans
désignation de temple, elle est réputée avoir voulu gratifier l'église qui lui est consacrée dans le lieu de son domicile, ou dans le voisinage; s'il n'y en a pas, dans le
chef-lieu de la province; à défaut de l'une de ces églises
spéciales, toutes les églises peuvent prétendre à ce droit;
on doit néanmoins préférer celle pour laquelle le testateur
avait un culte particulier; à défaut de cet indice, le testament profite à la plus pauvre.

Ces dernières décisions sont la conséquence d'une exception aux règles relatives aux personnes incertaines.
L'interprétation de volonté qu'elles contiennent supplée
à l'impossibilité de connaître exactement les intentions
du testateur : or, en présence d'une pareille impossibilité,
le droit commun exigerait la nullité de l'institution.

Cette dérogation au droit commun s'applique aussi et
d'une manière bien plus sensible aux établissements de
bienfaisance. Que penser, en effet, de la disposition faite

aux pauvres d'une manière générale? Le droit classique l'eût frappée d'une nullité radicale. Valentinien III, au contraire, la déclare valable; le legs sera attribué à l'hospice auquel pensait le testateur, et, en cas d'incertitude, à celui de son domicile; s'il n'en existe point, l'église du lieu de son domicile sera chargée de consacrer les fonds légués au soulagement des pauvres (1).

Outre le droit commun applicable à toutes les personnes morales, certaines faveurs furent accordées spécialement aux églises. Nous en signalerons quelques-unes qui appartiennent aussi, en général, aux établissements religieux de bienfaisance.

Justinien, en 529, dispensa de l'insinuation les donations inférieures à cinq cents solides faites aux églises : cette règle fut en 531 appliquée à toute donation (2). — Le vœu fait en faveur d'une église ou adressé à un ange, à un martyr, est valable et doit être exécuté *quamvis nondum incohatum fuerit* (3).

L'héritier doit payer en totalité les legs faits aux églises : la réduction falcidienne ne leur est pas applicable : « In « piis causis cesset falcidia » (4). Bien plus, si pour le payer il attend qu'on lui intente une action, il devra en payer deux fois la valeur (5). A cette décision se rattache la suivante : la *condictio indebiti* est refusée à l'héritier qui a payé le legs qu'il croyait à tort devoir à une église ou à un établissement religieux (6).

(1) L. 24, Code I, 3 ; L. 49, eodem.
(2) L. 34, § 1, Code VIII, 54.
(3) L. 15, Code I, 2.
(4) Novelle 131, ch. 12.
(5) Inst. IV, 6 § 19, 23, 26 ; L. 46 § 7. Code I, 3.
(6) Inst. III, 27 § 7 ; IV, 16 § 1.

L'action en délivrance d'un legs adressé à une église ou à un établissement religieux, peut être exercée pendant cent ans (1). Leurs biens sont en principe inaliénables.

Nous venons de citer certains priviléges accordés aux établissements de bienfaisance ; nous dirons quelques mots sur leur histoire et leur développement.

. Sous la République, c'étaient l'Etat ou de riches particuliers qui consacraient certaines sommes à l'entretien et au bien-être des classes nécessiteuses de la société ; mais il n'y avait pas de système général de secours, ni d'organisation de la charité.

Les empereurs, mais par des actes isolés seulement, fondèrent des établissements de bienfaisance, dont une longue série d'inscriptions nous révèle l'existence. On a retrouvé notamment à Mezinesso, sur les ruines de Velléia, dans le duché de Plaisance, une table d'airain connue sous le nom de *tabula alimentaria* de Trajan.

Peut-être faut-il voir dans ces premiers monuments l'influence du christianisme naissant ; c'est lui, en tous cas, qui donna à ces fondations charitables l'indépendance et la fixité nécessaires à toute grande entreprise : la personnalité civile leur fut concédée comme nouvelle garantie de stabilité. Ces établissements, où sont reçus et soignés les malades, les pauvres, les orphelins, les vieillards, les pèlerins, resteront comme une des institutions philanthropiques les mieux conçues et les plus élevées, en mettant l'enfance à l'abri du vice, et la vieillesse à l'abri de la pauvreté.

Les créations d'hospices furent nombreuses : les em-

(1) L. 23, Code I. 2.

pereurs chrétiens les favorisèrent : ils donnent aux évêques le plein pouvoir de contrôler l'opportunité du but cherché par le fondateur ; c'est aussi à leur sollicitude qu'ils remettent le soin de veiller à l'exécution des dernières volontés des mourants.

Ces établissements de bienfaisance sont des *universitates ordinatæ* : des textes nous parlent des *œconomi* des hospices, des *orphanotrophi*, etc. Justinien leur donna la tutelle des orphelins confiés à leurs soins (1).

CHAPITRE IV.

DE L'HÉRÉDITÉ JACENTE.

Quand une hérédité est déférée à un héritier externe, celui-ci n'en devient propriétaire qu'en vertu de l'adition ; tant que l'adition n'a pas été faite, on dit que l'hérédité est jacente, *bona jacent*.

Si ces biens n'appartiennent à personne, il est aisé de comprendre à combien d'inconvénients une pareille situation donnera lieu. On pourra tuer impunément le cheval compris dans les biens héréditaires, sans craindre l'action de la loi Aquilia, qui n'est accordée qu'au propriétaire. Le *servus hereditarius* ne pourra rien acquérir, car l'esclave n'acquiert que pour son maître, et dans l'espèce il n'en a pas.

La pratique ne pouvait pas s'accommoder d'un tel

(1) L. 15, Code I, 2 ; LL. 33 § 4, 42 § 5, Code I, 3 : Novelle 131, ch. 15.

système; mais les commentateurs sont en désaccord sur le point de savoir avec quelle doctrine on y remédia. Les uns prétendent que les jurisconsultes romains firent de l'hérédité jacente une personne civile susceptible de droits, et dont l'existence est limitée d'une part par la mort du testateur, de l'autre par l'*aditio hereditatis*.

D'autres, au contraire, refusent de voir dans l'hérédité une personne juridique : de même que dans certains cas l'enfant conçu est réputé exister déjà; de même et par une fiction inverse le défunt est réputé vivre jusqu'au moment de l'adition; pendant cet intervalle, l'hérédité représente le défunt; elle prolonge la vie d'une personne décédée. C'est cette théorie que nous adoptons.

Vouloir faire de l'hérédité jacente une personne civile, c'est lui en reconnaître implicitement tous les caractères ; son titre de personne civile lui donne-t-il le droit d'acquérir? A-t-elle un représentant? Tout est là.

Il est certain d'abord que l'esclave héréditaire peut, même avant l'adition, augmenter la succession; car l'esclave enrichit son maître, même à l'insu de celui-ci (1). C'est ainsi que l'esclave héréditaire peut, en vertu d'un dépôt, d'un commodat, acquérir à l'hérédité l'action *depositi*, ou *commodati* (2), lui acquérir la possession des choses corporelles, continuer la possession de bonne foi du défunt pour mener à l'usucapion (3). Mais dans ces nombreuses hypothèses et autres analogues, la question de la personnalité civile de l'hérédité n'a pas à intervenir; les solutions données par les textes cités seraient en effet

(1) L. 29, Dig. XLIX, 15.
(2) L. 16, Dig. XLIV, 7; L. 33 § 2, Dig. XLI, 1.
(3) L. 1, § 5, Dig. XLI, 2; L. 15, pr. Dig. XLI, 3; LL. 31, § 5, 40, Dig. XLI, 3; L. 30, pr., Dig. IV, 6.

les mêmes si on attribuait depuis la mort jusqu'à l'adition
la propriété des biens soit au défunt, soit à l'héritier. Il
en serait de même des cas où l'acquisition résulte d'un
événement indépendant de la volonté, *ex re ipsâ* (1).

Il y a toutefois certaines hypothèses spéciales dans
lesquelles l'esclave héréditaire ne pourrait pas jouer un
rôle, sans la détermination précise de son *dominus ;* ainsi,
il ne pourrait pas *stipuler* si son maître n'était pas citoyen
romain (2) ; il ne pourrait pas être institué héritier, si le
testateur n'avait pas *factio testamenti* avec son maître (3).
C'est dans ces espèces particulières de droit civil rigoureux que, pour expliquer les décisions qui s'y réfèrent,
des commentateurs ont imaginé de dire que l'hérédité
jacente était une personne civile ; les expressions de plusieurs textes leur ont fourni leur principal argument :
« Domini loco habetur hereditas ; hereditas dominæ
« locum obtinet, etc. » (4).

Ce serait, selon nous, une singulière personnalité civile que celle-ci : nous avons relevé une série de modes
d'acquisition accessibles à l'hérédité jacente, sans qu'il
soit nécessaire de faire intervenir cette fiction de droit.
D'autre part, dans les cas spéciaux où la création d'une
personne idéale se comprendrait, les textes apportent
des restrictions : qu'il nous suffise d'indiquer (5) que l'esclave héréditaire est déclaré incapable d'acquérir l'usufruit, que la stipulation par lui faite est subordonnée

(1) LL. 13, §2, 15, pr., 43. Dig. IX, 2; L. 13, § 5. Dig. XLIII, 24.
(2) Gaius III, 93; Inst. III, 17, pr.
(3) L. 31, § 1, Dig. XXVIII, 5; Ulpien XXII, § 9.
(4) L. 15, pr. Dig. XI, 1 ; L. 13, § 5, Dig. XLIII, 24; L. 22,
Dig. XLVI, 1.
(5) L. 61, § 1, Dig. XLI, 1 ; L. 73, §1, Dig. XLV, 1.

quant à sa validité au sort de l'adition. Nous ne trouvons donc là qu'une personnalité tronquée, incomplète, et dont l'insuffisance résultera encore de la considération suivante :

Un des caractères essentiels de la personne civile, c'est qu'elle a un représentant en titre : décurions pour la curie, économes pour les hôpitaux, etc.... Pour l'hérédité jacente, rien de semblable. Et qu'on ne vienne pas nous objecter que le curateur à la succession vacante joue par rapport à elle le même rôle que le représentant de l'*universitas*, par rapport à celle-ci : il n'y a pas là identité de situation. Sans doute, les principes n'écartent pas la possibilité de la nomination d'un curateur, bien qu'aucun texte ne nous en parle ; mais ce n'est là qu'une mesure d'exception, analogue à une nomination d'un curateur en cas d'absence : il n'y a pas de représentation régulièrement organisée.

Le système de la personnalité de l'hérédité étant écarté, nous admettons avec la majorité des auteurs que l'hérédité jacente continue, non pas la personne de l'héritier, mais celle du défunt (1). C'est une fiction d'une autre espèce, qui a été précisément introduite dans les cas où le droit civil exige des conditions plus rigoureuses dans la personne de l'acquéreur. C'est dans ces espèces que l'utilité s'en fait sentir : « On peut en effet apprécier immédiatement la validité de l'acte, qui dépend de la capacité du défunt connu, et non pas de la capacité douteuse d'un héritier inconnu. »

Ainsi, un citoyen romain meurt : l'esclave de l'hérédité pourra, *ante aditam hereditatem*, acquérir en stipu-

______

(1) Inst. II, 14, § 2.

lant; car l'esclave emprunte la capacité du maître défunt (1); il pourra être institué héritier, quoique l'héritier soit un *intestabilis* (2).

La théorie que nous adoptons est justifiée par des textes
nombreux (3). Il faut toutefois répondre à certains textes
qui paraissent indiquer que l'hérédité jacente représente
la personne de l'héritier.

C'est d'abord la loi 24 *de novationibus*, telle qu'elle existe
dans le manuscrit de Florence :

« ...... Stipulatio transit ad heredem cujus personam
« interim hereditas sustinet.» On peut croire que ce texte
a été altéré, et adopter la leçon de la Vulgate, complètement concordante avec notre manière de voir ; on y lit
en effet : « ..... Stipulatio transit ad heredem *ejus* cujus
« personam interim sustinet. »

Ce sont en outre plusieurs textes qui attribuent à l'adition un effet rétroactif (4). — Nous pensons que la théorie qui semble justifiée par les textes en question doit
être limitativement restreinte au cas qu'ils visent, à savoir la stipulation faite nominativement au profit de l'héritier futur; la loi 28, § 4, Dig. (XLV, 3), indique même
qu'une sérieuse controverse avait divisé les deux écoles
sur ce point. Nous serions même tenté d'aller plus loin,

(1) Gaius III, 93. — Cependant, si cet esclave stipule nominativement pour l'héritier futur, l'opinion qui a prévalu c'est que la
stipulation sera valable, si l'héritier présumé le devient réellement. L. 35, Dig. XLV, 3 ; L. 28, § 4, Dig. XLV, 3. M. Labbé, à
son cours.

(2) L. 13, § 2, Dig. XXIX, 1; L. 18, § 1; L. 26, Dig. XXVIII, 1.

(3) Inst. II, 14 § 2; III, 17, pr.; LL. 33, § 2; 34, Dig. XLI, 1 ;
L. 31, § 1, Dig. XXVIII. 5; L. 116, § 3, Dig. XXX.

(4) L. 54, Dig. XXIX, 2; L. 28, § 4, Dig. XLV, 3; LL. 138, 193,
Dig. L. 17.

et de voir dans ces fragments de jurisconsultes sabiniens une traduction un peu trop énergique de cette idée que la représentation se fait dans l'intérêt de l'héritier qui, en dernière analyse, profite des droits acquis par l'hérédité (1).

(1) Inst. III, 17, pr.

TROISIÈME PARTIE

DROITS DES PERSONNES CIVILES.

Nous avons déjà mentionné un certain nombre de priviléges, *jura singularia*, accordés, soit à la personne civile elle-même, soit à ses membres envisagés individuellement. Il faut maintenant aborder l'étude du droit commun et voir de quels droits les personnes civiles sont susceptibles.

Indiquons d'abord, pour n'y plus revenir, l'incompatibilité manifeste que la nature même des choses établit entre la personne civile et les droits de famille. Les idées de parenté, de filiation, d'adoption, ne sauraient se présenter quand il s'agit de corporations, d'établissements religieux, etc. Quant à la tutelle des orphelins élevés dans des maisons de bienfaisance, c'est non pas à la fondation, mais à ses administrateurs qu'elle est confiée (1).

Sans doute, les personnes civiles acquièrent, en affranchissant leurs esclaves, un droit de patronage sur eux ; mais c'est, selon l'expression de Savigny, « une extension artificielle de la famille , ayant pour objet le droit des

(1) Novelle 131, ch. 15.

biens. » Ce droit est , il est vrai , inappréciable en argent ; mais c'est, en quelque sorte, le résidu du droit de puissance dominicale, et on peut, à ce titre, rapprocher le droit de patronage des droits de patrimoine (1).

Cette restriction posée relativement aux droits de famille, nous pouvons dire avec Voët : « Utuntur plerum- « que universitates privatorum jure, et privatorum loco « habentur (2). » Les personnes civiles « ne peuvent être investies ni grevées que des droits qui entrent dans la composition active ou passive d'un patrimoine et des droits qui sont une transformation ou une conséquence de ceux-là (3). »

Entrons maintenant dans le détail.

CHAPITRE Ier

PROPRIÉTÉ

La personne civile a un patrimoine distinct de celui des membres qui la composent (4) ; cette idée a été développée plus haut, et il ne faudrait pas attacher une trop grande importance aux termes « *res communes , arcam communem* » employés par Gaius. Le jurisconsulte veut

(1) L. 126, Dig., L. 17; M. Gide, à son cours. — Nous verrons ailleurs comment on est arrivé à reconnaître aux personnes civiles un droit de succession ab intestat.

(2) Voët. ad tit. III, 4, Dig.

(3) M. Accarias.

(4) Nous ne faisons pas rentrer dans le patrimoine de l'être moral les biens que la consécration a fait sortir du commerce. L'usage de ces choses profite à l'*universitas*, mais ce sont des *res nullius,*

exprimer par là, non pas que les biens de la personne civile appartiennent en commun à tous les associés, mais seulement que ceux-ci ont les mêmes droits sur les biens qui constituent le patrimoine de l'être moral. Des textes très-explicites ne laissent aucun doute sur l'exactitude de notre principe (1).

Trois idées se présentent ici d'elles-mêmes : comment la personne civile acquiert-elle les biens ? comment en jouit-elle ? comment les aliène-t-elle ?

ACQUISITION.

Tous les modes d'acquisition du droit civil ne sont pas, à l'époque classique, accessibles à la personne civile.

Le plus large de tous, la *cessio in jure*, qui convenait aux choses *mancipi* et aux choses *nec mancipi*, ne recevait pas ici d'application. Les esclaves, en effet, ne pouvaient pas figurer dans cette *legis actio* (2) ; or, la personne civile, incapable de fait et de volonté, ne peut acquérir que par l'intermédiaire de ses esclaves.

L'adjudication est pour la personne civile un moyen indiscutable d'acquérir la propriété ; un fragment de Pomponius (3) est formel à cet égard, mais son champ d'application est restreint, puisqu'elle ne se présente que dans trois hypothèses spéciales.

L'acquisition *lege* a pour application principale la succession ; nous en traiterons dans un chapitre particulier.

(1) L. 6, § 1. Dig., I, 8 ; L. 1, § 7. Dig., XLVIII, 18.
(2) Gaius II, § 24, 96.
(3) L. 9, Dig. III, 4.

La *mancipation*, voie plus large, quoique limitée à certains égards (1), est accessible à l'*universitas*. En effet, c'est une règle de droit romain que tout ce qui est acquis par l'esclave est acquis pour le maître, et rien ne s'oppose à l'application de ce principe dans l'espèce qui nous occupe (2).

Enfin l'*usucapion* ne put offrir aux personnes morales le moyen de devenir propriétaires que du jour où il leur fut permis de posséder. Nous renvoyons à un chapitre postérieur ce qui concerne l'usucapion et les deux modes plus rapides d'acquisition du droit des gens (tradition et occupation) qui ont comme elle la possession pour base.

Quant à l'*accession*, nous devons dire, sans rechercher si c'est ou non un mode particulier d'acquérir la propriété, qu'elle produira ses effets ordinaires si l'*universitas* est maîtresse des choses qui la rendent possible.

JOUISSANCE.

Il semble que les immeubles des *universitates* étaient généralement divisés en deux classes. Les uns étaient, quant à la jouissance, abandonnés gratuitement ou moyennant une redevance modique, aux membres de l'*universitas*, et représentaient assez ce qu'on appelle de nos jours les biens *communaux proprement dits*. D'autre part, la personne civile se réservait la propriété entière de certains biens qu'elle administrait, louait et affermait, soit

(1) Elle ne s'applique qu'aux *res mancipi*, et comme c'est un *actus legitimus*, la représentation *per extraneam personam* est impossible.

(2) Gaius, II, § 87.

comme font aujourd'hui les communes de leurs *patrimo-niaux* « ut privatim agros nostros colendos dare sole-« mus (1), » soit en concédant au preneur un bail per-pétuel qui donnait à l'immeuble le caractère de *fonds vectigalien* (2).

Ce second système de location est peut-être une déri-vation du premier. Le bail ordinaire concédé par une personne civile n'offrait à l'origine rien de spécial; mais il est probable que les *universitates* prirent l'habitude d'affermer à long terme des propriétés qui , souvent, étaient situées dans des pays éloignés du siége de leur ad-ministration; les garanties de stabilité qu'une corpora-tion ou une fondation autorisée de l'Etat devaient offrir influèrent sur le caractère de la location concédée, et on en arriva à regarder les baux comme perpétuels. Tant qu'il payait exactement le loyer, le preneur n'avait pas à craindre d'être obligé d'abandonner le fonds ; il obtint une action dite *vectigalis quæ de fundo vectigali proposita est* , pour faire respecter son droit , tant du bailleur que du tiers quelconque qui aurait troublé sa posses-sion (3).

On sait que Zénon fit de cette convention, qui tenait à la fois de la vente et du louage, un contrat particulier portant le nom d'emphytéose (4). Sous Justinien, il n'y a plus de différence entre le fonds vectigalien et l'*ager emphyteuticarius*.

Pour empècher les aliénations frauduleuses que le caractère spécial de l'emphytéose aurait facilitées, Justi-

(1) L. 1, pr. Dig. VI, 3.
(2) L. 1, Dig. VI, 3.
(3) Gaius, III, § 145; L. 1, § 1, Dig. VI, 3.
(4) L. 1, Code IV, 66.

nien l'entoura de précautions créées en faveur des établissements pieux qui attiraient surtout sa sollicitude.
Le contrat était résolu par le défaut de paiement du ca-
non pendant deux ans ; le délai de droit commun comp-
tait une année de plus. Les administrateurs devaient,
en concédant l'emphytéose, jurer qu'ils ne le faisaient
pas pour léser l'établissement ni pour faciliter la prescription de ses immeubles (1)

ALIÉNATION.

On ne trouve dans le Digeste aucun texte prohibant
l'aliénation des biens des personnes civiles (2) ; le premier texte qui mentionne une restriction de ce genre
est au titre *De prædiis et mancipiis decurialium*, du Code
théodosien (3). Nous pensons donc qu'à l'époque classique la liberté complète régissait les aliénations des *bona
universitatum*, tout en reconnaissant qu'en fait elles furent
impossibles pendant une certaine période de temps : en
effet, jusqu'à l'introduction de la représentation *per extraneam personam*, les esclaves pouvaient seuls agir pour
l'être moral, et on sait que le *servus* ne représente le *dominus* que pour acquérir et non pour aliéner.

Des auteurs soutiennent cependant que, même en droit,
l'inaliénabilité des biens de l'*universitas* était un principe.
D'après cette doctrine, il faudrait taxer de libéralité la

______

(1) Novelle 120, ch. 6, § 2.

(2) Les choses consacrées ne peuvent pas être aliénées parce
qu'elles n'appartiennent à personne, et qu'elles sont hors du commerce. Le droit du Bas-Empire s'écarta de cette théorie : l'aliénation en fut permise pour racheter les captifs, ou pour payer les
dettes de l'Eglise. — Nov. 120, ch. 10 ; L. 21, Code I, 2.

(3) Code Th. XII, 3.

constitution déjà citée de Léon, qui ne fait qu'imposer certaines règles de précaution à l'égard des aliénations des biens des cités (1).

Tel n'est pas notre système ; il nous semble plus plausible de voir dans cette constitution un moyen de remédier aux malversations des administrateurs, et surtout le commencement d'une série de mesures inspirées par une idée de protection exagérée. — Une constitution de Léon et Anthémius de 470, défend aux évêques, aux économes, de transférer *sub quâcumque alienationis specie*, la propriété des biens de l'Eglise de Constantinople (2). Anastase édicte la même prohibition, n'en exceptant que quelques cas graves (3). Les novelles de Justinien sont conçues dans le même esprit ; et, à cette époque, les biens ecclésiastiques ne peuvent, sauf quelques cas particuliers, être aliénés ni à titre onéreux, ni à titre gratuit (4). La défense d'aliéner les biens des *universitates* est donc entrée, selon nous, assez tard dans la législation.

Oppose-t-on à notre système la L. 9, § 2, Dig. (L. 8) de laquelle on prétend tirer que les *bona civitatum* étaient dans le droit ancien inaliénables, puisque même achetés de bonne foi, ils pouvaient être repris à l'acquéreur ? Ce ne serait pas interpréter sainement ce passage : il ne précise nullement l'hypothèse à laquelle la solution s'ap-

(1) L. 3, Code, XI, 31.
(2) L. 14, Code, I, 2.
(3) L. 17, Code, I, 2.
(4) Nov. 7 ; 120, ch. 6, 9, 10. — Les textes ne parlent que des immeubles. Quant aux meubles, l'aliénation doit en être permise, soit qu'on la regarde comme un acte d'administration, soit qu'on observe qu'elle est indispensable dès qu'on autorise l'*universitas* à acquérir un bien à titre onéreux.

plique, et il suffit de supposer que la vente a été faite par un autre que le représentant pour rendre vaine la conclusion que nos adversaires prétendent en tirer. D'ailleurs la loi 9 demande à être lue et expliquée tout d'une pièce ; c'est le détail d'un rescrit de Verus et d'Antonin, relatif aux devoirs et à la responsabilité des administrateurs.

Enfin, si l'on veut une nouvelle preuve que l'*universitas* était, dans le droit classique, libre de se dépouiller de ses droits, je la tirerai de la théorie de l'affranchissement.

Les personnes civiles, propriétaires d'esclaves, pouvaient en effet les affranchir (1). Un texte de Varron ne laisse aucun doute à cet égard : il parle des affranchis des municipes, des *societates*, des *fana*, comme d'une chose toute naturelle à l'époque où il écrit (2). Toutefois la *manumissio censu* et *testamento* n'étaient pas à la portée de la personne civile, pas plus que la *vindicta*, *legis actio* qui n'admettait pas l'intervention d'un représentant (3) ; dès lors, les affranchis des *universitates* ne pouvaient avoir que la possession d'une sorte de liberté de fait, et la latinité depuis la loi Junia. Quant à la *lex rectibulici* de Trajan, et au rescrit de Marc-Aurèle (4), leur résultat a été de permettre aux personnes civiles de conférer la liberté avec le droit de cité à leurs affranchis. Un rescrit de Gordien nous indique qu'à cette époque de la législa-

(1) Comme conséquence, elles recueillaient leur succession à défaut d'héritiers siens. — Ulp. XXVII, 1 : L. 2, Dig. XL, 3; L. unique ; Dig. XXXVIII, 3.
(2) Varron, *De lingua latina*, L. 8, ch. 41.
(3) L. 123, Dig. L, 17; L. 3, Code, VII, 1.
(4) L. 3, Code VII 9; L. 1, Dig. XI, 3

tion (1), l'affranchissement n'était fait, pour le *servus publicus*, que sur un décret de la curie, contrôlé par le gouverneur de la province, ou sur une délibération des représentants réguliers des *collegia*.

Aux questions d'aliénabilité, se lient étroitement les questions de prescriptibilité. De même que sous le droit classique, les biens privés des personnes civiles sont aliénables, de même ils sont susceptibles d'usucapion ; c'est du moins ce qu'on peut conclure *a contrario* pour les biens *in patrimonio populi vel civitatum*, d'un passage de Gaius (2) : quant aux biens publics du peuple et des cités, ils ne peuvent pas être usucapés, et cela s'appliqua même aux biens privés de l'empereur et de l'impératrice (3).

A la *præscriptio* de dix et vingt ans, qui s'appliquait *adversus rempublicam*, et d'une façon générale à toutes les personnes civiles (4), Anastase substitua une *præscriptio* de quarante ans. Cette décision de faveur fut étendue aux biens du fisc, puis de l'empereur (5). C'est aussi celle que Justinien appliqua aux biens de l'Eglise, abolissant la prescription de cent ans qu'il avait précédemment introduite au profit des établissements pieux (6).

---

(1) LL. 1, 2, Code, VII, 9.
(2) L. 9, Dig. XLI, 3. M. Labbé, à son cours.
(3) L. 12, § 2, Dig. VI, 2; LL. 9, 18, Dig. XLI, 3; L. 31, Dig. I, 3; L. 6, § 1, Dig. XLIX, 14; Inst. II, 6, § 9.
(4) Paul, V, 2, § 4; L. 15, § 27, Dig. XXXIX, 2.
(5) L. 14, Code, XI, 61; L. 4, Code, VII, 39.
(6) Nov. 111, 131, ch. 6; L. 23. Code, I, 2; Nov. 9.

CHAPITRE II.

SERVITUDES

Les immeubles des personnes civiles peuvent être grevés de droits, de servitudes passives, ou s'améliorer par l'acquisition d'une servitude active; les servitudes rustiques sont les seules qui puissent être directement acquises par la mancipation du *servus universitatis* (1). Les autres servitudes réelles suivent les règles que nous allons donner pour les servitudes personnelles, au point de vue de leur acquisition.

Toutes les servitudes personnelles ne sont pas à la portée de la personne civile.

Les *operæ servi vel animalis* peuvent être acquis par elle; mais bien des auteurs donnent pour l'*usus* la solution contraire, parce que ce droit est essentiellement personnel à l'usager, et que l'intervention d'un représentant, indispensable dans notre matière, est incompatible avec la nature de ce droit. Nous concédons volontiers cette conséquence des principes; mais aucun texte n'existant à notre connaissance, il paraît légitime d'admettre l'acquisition de l'*usage* par la personne civile, du jour où cette servitude personnelle est devenue un droit d'usufruit restreint.

L'usufruit, en effet, peut être acquis par la personne civile, car il a pour objet la perception des fruits.

Il ne pouvait pas être constitué par l'*in jure cessio*; et

(1) Gaius, II, § 87; Ulp. XIX, § 1; L. 12, Dig. VIII, 1.

la mancipation ne pouvait servir à le créer que par
deductio (1).

La difficulté d'apprécier la valeur pécuniaire d'un droit
d'usufruit, rend assez rare son établissement à titre onéreux; et la constitution à titre gratuit entre-vifs plaît peu
aux donateurs qui aiment se rendre compte de leur gé-
nérosité; on comprend dès lors que l'usufruit s'établisse
le plus fréquemment par testament, et notamment par le
legs *per vindicationem*, qui le crée *ipso jure* (2). Le legs
per damnationem implique, de la part de l'héritier, la nécessité d'employer un mode de constitution entre-vifs;
mais dans notre hypothèse, je ne vois pas quel mode
s'offre à sa disposition (3), et je pense, avec M. de Savigny, que les personnes juridiques ne pouvaient recevoir
inter vivos aucun *ususfructus jure constitutus*, mais seulement une *possessio usûsfructûs*.

Le préteur, en introduisant la théorie de la quasi-pos-
session et de la quasi-tradition, a facilité la constitution
de l'usufruit. Il en faudrait dire autant de Justinien, si on
admet qu'il a permis de l'établir par des pactes et des
stipulations; opinion que du reste nous n'acceptons pas.

L'usufruit étant essentiellement temporaire, on eût pu
craindre que sa nature ne fût transformée, s'il était constitué au profit d'une personne civile, dont l'existence
peut être illimitée. Aussi, les jurisconsultes ont-ils apposé
comme limite extrême à sa durée, une période de cent
ans (4). Cette extinction particulière de l'usufruit n'exi-

(1) Gaius, II, 33, 96 ; frag. Vat.
(2) Paul, III, 6, § 17.
(3) Gaius, II, § 30 ; L. 56, Dig. VII, 1 ; Savigny, L. 2, ch. 2, § 91,
note 1.
(4) L. 56, Dig. VII, 1 : L. 8, Dig. XXXIII, 2. — Toutefois, quand

pêche pas les causes normales de produire leur effet s'il y a lieu : destruction de l'objet sur lequel il porte, non-usage, etc...., et même mort du titulaire, c'est-à-dire de la personne civile (1).

CHAPITRE III.

POSSESSION.

Le concours de deux éléments, l'un corporel, l'autre intellectuel, *corpus et animus*, est indispensable pour l'acquisition de la possession (2). Aussi, les personnes civiles, incapables de volonté, furent-elles toujours, et nécessairement, incapables d'acquérir la possession par elles-mêmes ; c'est ce que Paul nous dit des municipes (3), et qu'on doit étendre par identité de motifs à toutes les *universitates*. Il faut avoir soin d'ajouter que l'acquisition de la possession serait impossible, alors même que tous les membres manifesteraient une volonté semblable ; cette juxtaposition de volontés ne serait pas la volonté de l'être idéal.

On pourrait encore comprendre, à la rigueur, l'appréhension corporelle, si la chose se trouvait par exemple en-

il s'agit de savoir si cet usufruit est réductible d'après la loi falcidie, l'évaluation ne se fait que sur une durée de trente ans. L. 68, Dig. XXXV, 2. -- M. Accarias. *Précis de droit romain*, n° 279.

(1) L. 21, Dig. VII, 4.
(2) Paul, V, 2, § 1 ; L. 3, § 1, Dig. XLI, 2.
(3) L. 1, § 22, Dig. XLI, 2.

fermée dans un bâtiment appartenant à la personne morale ; mais l'*animus possidendi* est radicalement impossible.

Puisque la personne civile ne peut pas, faute d'*animus*, acquérir par elle-même la possession, elle ne le peut pas davantage par l'intermédiaire de son esclave ; car, si l'on peut, à la vérité, l'acquérir *corpore alieno*, il faut toujours que l'*animus* existe chez la personne pour laquelle l'acquisition est faite.

Cette incapacité absolue est une conséquence logique des principes ; mais cette rigueur ne devait pas prévaloir éternellement contre les besoins de la pratique ; on remédia, en effet, à la nécessité d'un *animus* personnel, par l'introduction des décisions suivantes :

1° Les administrateurs légaux de la personne civile peuvent acquérir pour elle la possession. Ulpien pose nettement la règle relativement aux municipes : *et hoc jure utimur*, dit-il (1), et dans un autre fragment, il étend *collegiis cæterisque corporibus*, la possibilité de cette acquisition de la possession *per extraneam personam ;*

2° Les esclaves peuvent acquérir à leur maître *etiam ignoranti*, la possession d'une chose, quand ils l'appréhendent *ex causá peculiari* (2) ; on n'exige pas alors du maître la volonté d'acquérir au moment même où l'esclave appréhende la chose, parce qu'il est présumé vouloir s'enrichir de tout ce qui augmentera le pécule constitué par un acte purement volontaire de sa part. Cette faveur ainsi limitée, ne serait d'aucune utilité pour la personne civile ; il faudrait la dispenser en outre de la volonté gé-

(1) L. 2, Dig. XLI, 2 ; L. 7, § 3, Dig. X, 4.
(2) L. 1, § 5, Dig. XLI, 2 ; Inst. II, 9, § 3.

nérale de posséder le pécule, ou, ce qui serait plus simple, lui permettre d'emprunter, non-seulement le *corpus*, mais aussi l'*animus* de son esclave. C'est ce qui fut fait, et la loi 3, § 12, au Dig. (XLI, 2), signale cette extrême dérogation.

Dès lors, la possession pouvant être acquise à la personne civile, celle-ci arrivera facilement à la propriété par l'usucapion, l'occupation et la tradition.

CHAPITRE IV.

SUCCESSION AB INTESTAT.

Les personnes civiles n'ont pas de famille; il en résulte d'une part, que lorsqu'elles cessent de vivre, leur patrimoine est dévolu au fisc qui recueille les successions vacantes, et d'autre part qu'elles ne peuvent prétendre elles-mêmes à aucune succession *ab intestat*.

A cette seconde conséquence, furent apportées successivement plusieurs dérogations.

Tant que l'affranchissement des *servi universitatum* ne conféra à ceux-ci que le caractère de Latins juniens, ils vivaient comme des hommes libres, et mouraient comme des esclaves; c'était par conséquent *jure peculii* que leur ancien maître, l'*universitas*, recueillait leurs biens (1). Mais, depuis les constitutions précitées des empereurs, l'esclave acquit en même temps la liberté et la cité; et c'est *jure successionis* que la personne civile recueillit dès

(1) Gaius, III, § 56; Inst. III, 7, § 4.

lors les biens laissés par l'affranchi, à défaut d'héritiers siens (1).

Dans le droit classique, la jeune fille qui devient prê‑tresse de Vesta devient en même temps *sui juris;* et Aulu‑Gelle en donne comme conséquence, qu'elle ne peut pas succéder *ab intestat* à ses parents, et que ses parents ne peuvent pas, de leur côté, recueillir son hérédité; elle était, en conséquence, à défaut de testament, dévolue au fisc, qui l'attribuait probablement au collége des Vestales (2).

Plusieurs décisions impériales réunies au Code de Justinien, introduisirent un nouvel état de choses, dans quelques hypothèses déterminées; elles consacrent la dévolution à certaines corporations des biens de ceux de leurs membres qui mouraient sans laisser d'héritiers légitimes ou testamentaires (3).

Constance donna en 347 ce privilége aux corps militaires, *legiones, vexillationes,* puis aux employés provinciaux, *cohortales,* en 349; et aux corporations de bateliers en 354 (4). Les empereurs Théodose et Valentinien firent la même concession aux corporations de *fabricences,* fabricants d'armes, et au collége des décurions (5) : l'*ordo decurionum* avait même un droit de réserve dont les règles sont exposées à la novelle 138 et au titre du code *Quando et quibus quarta pars.*

(1) Ulpien. XXVII, 1 ; L. 2, Dig. XL, 3.
(2) Gaius. I, § 130, 145 ; Aulu-Gelle. L. 1, ch. 12.
(3) Code, VI, 62.—Ces successeurs qui primaient le fisc étaient tenus, comme lui, de payer les dettes et les legs de la succession. L. 5. Code, VI, 62 ; L. 9³, § 1. Dig. XXX ; L. 2, § 1, Dig. XXXIV, 1.
(4) LL. 1, 2, 3. Code, VI, 62 ; L. 6, § 7, Dig. XXVIII, 3.
(5) LL. 4, 5, Code, VI, 62.

Ce nouveau genre de succession prit une extension considérable : l'Église succéda aux biens des clercs, et le monastère aux biens des moines décédés sans testament et ne laissant aucun parent au degré successible. (1)

Enfin les lois Julia et Papia Poppæa attribuent au fisc les successions que personne ne recueille (2).

———

CHAPITRE V.

SUCCESSION TESTAMENTAIRE

A cette question : « La personne civile peut-elle être instituée héritière ? » nous trouvons dans Pline une réponse péremptoire : « Nec heredem institui nec præcipere posse rempublicam constat. » (3) Le jurisconsulte Ulpien emploie les mêmes termes : *nec municipia nec municipes heredes institui possunt.* Mais le motif par lequel se justifie cette proposition, demande à être précisé, car la lecture rapide de ces fragments pourrait donner lieu à des méprises qu'il importe de prévenir.

Selon certains interprètes, l'incapacité des personnes civiles d'être instituées héritières, reposerait sur la considération suivante : « La loi romaine ne donnait à la personne juridique que les droits nécessaires à son existence, ceux-là seulement sans lesquels sa personnalité juridique n'eût été qu'un vain mot : or le droit d'être ins-

(1) L. 20. Code, 1, 3.
(2) Ulp. 17, § 2 ; 28, § 7 : L. unique, § 13. Code, VI, 51 ; LL. 1, 4 ; Code, X, 10.
(3) Epist. V, 7.— Ulp. 22, § 5.

titué héritier n'est pas un droit essentiel pour les personnes morales. » Nous avouons que ce raisonnement ne nous satisfait pas complètement; il est en effet d'autres droits appartenant aux êtres moraux, et qui n'étaient pas non plus indispensables à leur existence : je comprends qu'on ait été nécessairement conduit, sous peine de leur rendre tout enrichissement impossible, à leur accorder le droit d'acquérir à titre onéreux; mais l'acquisition gratuite qui cependant leur est reconnue de l'aveu même de nos adversaires, n'est pas un de ces actes sans lesquels leur personnalité n'eût été qu'un vain mot (1).

D'autres auteurs assimilent en notre matière l'incapacité de la personne civile à celle qui frappait les *incertæ personæ*. Le texte d'Ulpien déjà cité paraît leur donner raison : « nec municipia, nec municipes heredes institui possunt, quoniam incertum corpus est, et neque cernere universi neque pro herede gerere possunt, ut heredes fiant. » Il est facile de se convaincre de la fausseté de cette déduction en lisant dans Gaius ce qu'il faut entendre par une *incerta persona* (2) : c'est celle sur l'individualité de laquelle le testateur ne pouvait pas se faire une idée exacte, et dont la désignation pouvait également s'appliquer à plusieurs individus.

Or, tel n'est pas le cas de la personne civile. Si j'institue pour héritier le municipe où je suis né, je sais fort exactement que ma succession s'adresse à un municipe dès aujourd'hui spécialisé : l'individualité de la personne civile est à l'abri de tout changement.

Le testament s'adresserait *incertis personis* si j'instituais

-----

(1) M. Ch. Gide. Thèse pour le doctorat. PP. 117 et suivantes.

(2) Gaius, II, § 238.

les citoyens de la ville où je suis né ; mais dans ce cas un texte décide que la disposition sera réputée faite au profit de la cité (1). Nous savons déjà que relativement aux fondations et aux établissements pieux, on avait fait abstraction des règles sur les *incertæ personæ*, et cela bien avant la constitution de Justinien que le *Codex repetitæ prælectionis* ne nous a pas transmise, mais dont nous connaissons la substance (2).

Nous adoptons sur l'incapacité qui nous occupe, l'explication que nous donne Savigny : le texte d'Ulpien dont on s'arme contre nous, sert au contraire de base à notre système. Le municipe ne peut pas être institué héritier, parce que sa composition est variable, *quia incertum corpus est*, et que ses membres même en agissant tous de concert, *universi*, ne peuvent pas faire *cretio* ou *gestio pro herede* au profit du municipe. L'hérédité ne peut pas, en effet, être acceptée par représentant ; et quoique le bénéfice doive profiter en fait à la masse des citoyens, c'est le municipe qui devrait lui-même *cernere* ou *pro herede gerere ;* or un tel acte est radicalement incompatible avec sa nature. L'incapacité de la personne civile résulte donc de la force des choses ; elle ne peut être héritière *ex testamento*, parce qu'il lui est impossible d'accomplir les actes matériels exigés par le formalisme romain (3).

A cette incapacité, deux séries d'exceptions :

I. Un sénatus-consulte dont le nom est resté inconnu, permit aux municipes d'être institués héritiers par leurs affranchis (4). Cette concession était devenue nécessaire du

(1) L. 2, Dig. XXXIV, 5.
(2) LL. 24, 49 ; Code, I, 3 ; Inst. II, 20, § 27.
(3) Savigny. L. II, ch. 2, § 93, note *b*.
(4) Ulp. 22, § 5.

jour où le municipe pouvait succéder *ab intestat* à ses affranchis. Le patron était en effet réservataire, et défendre à l'affranchi d'instituer le municipe dans son testament, c'était donner ouverture à la *bonorum possessio contra tabulas* qui garantissait le droit de réserve du patron. Une constitution de Léon (1) étendit le sénatus-consulte en donnant d'une manière générale à toutes les cités de l'empire le droit de recueillir succession, testament, legs ou fidéicommis; cette constitution semble donc avoir innové, et les textes antérieurs que nous rencontrons au Digeste se réfèrent vraisemblablement à des institutions faites par des affranchis. Si un acte législatif était intervenu entre l'époque d'Ulpien et celle de Léon, il y a lieu de croire qu'il en serait resté des traces.

II. Nous avons dit plus haut, qu'à raison de priviléges spéciaux, certaines divinités païennes pouvaient être instituées héritières, et que depuis une constitution fameuse de Constantin, il fut permis d'instituer les églises chétiennes, Jésus-Christ, les martyrs, les archanges et les établissements pieux.

Quant aux corporations, c'est aussi comme concession individuelle que quelques-unes obtinrent le droit d'être instituées; on peut cependant admettre, ainsi que nous l'avons dit, que les corporations purent recueillir les successions testamentaires de leurs affranchis, dès qu'elles purent leur succéder *ab intestat* (2). Enfin, l'État, de qui émanait tout droit positif, ne pouvait pas se priver de celui de recevoir les successions qui lui étaient adressées : on sait que sous la République, des rois étrangers instituèrent le peuple romain.

(1) L. 12 ; Code, VI, 24.
(2) L. 8 ; Code. VI, 24.

Avant que ces divers priviléges généraux ou particuliers eussent été accordés, un sénatus-consulte Apronien porté sous Marc-Aurèle, permit aux villes de recueillir des fidéicommis d'hérédité. En conséquence, elles doivent procéder à la nomination d'un *actor* ou *syndicus* pour exercer les actions héréditaires ou opposer les exceptions (1).

CHAPITRE VI

LEGS

Sous la République, les personnes civiles étaient incapables de recueillir un legs (2), comme elles l'étaient d'être instituées héritières. Le motif en était-il le même? Si l'on s'en tient à l'opinion des Sabiniens, il faut sans hésiter répondre négativement ; selon eux, en effet, aucune manifestation de volonté, aucun acte matériel n'était exigé de la part du légataire. Mais si l'on envisage la doctrine

(1) Ulp. 22, § 5 ; L. 1, § 1, Dig. XXXVIII, 3 ; LL. 26, 27, Dig. XXXVI, 1. — Les personnes civiles peuvent aussi recueillir un *fideicommis* particulier. L. 20, § 1, Dig. XXXIII, 1 ; L. 6, § 2, Dig. XXXIV, 2.

(2) D'après Dirksen, cité par Savigny, les villes auraient eu le droit de recueillir un legs *per damnationem*, et c'est ainsi qu'il explique la validité des legs adressés par des rois étrangers à la République. — Cette capacité exceptionnelle de la République romaine se justifie plutôt par la position spéciale du *populus* et par régime administratif de l'*ærarium*. Le texte d'Ulpien (24, § 23) contient des termes si absolus que la prohibition ancienne devait frapper les legs de toute nature. Savigny. L. II, ch. II, § 93, note *o*.

proculienne, l'incapacité de droit résulterait aussi, en matière de legs, de l'incapacité de fait.

Gaius, qui signale la divergence des deux écoles, ajoute que la solution proculienne prévalut; il n'est cependant pas douteux que l'opinion des Sabiniens triompha en dernier lieu; c'est elle seule qui figure au Digeste (1). Quoi qu'il en soit, la controverse a divisé les jurisconsultes, et cette hésitation dans la doctrine suffit à faire refuser aux personnes civiles un droit dont l'abus, en augmentant la richesse des *universitates*, eût pu favoriser les désordres.

D'ailleurs, la capacité de fait n'étant pas exigée dans le système sabinien qui prévalut, on arriva promptement à supprimer l'anomalie qui frappait néanmoins la personne civile d'une incapacité de droit. Aussi, dès la fin du premier siècle de notre ère, Nerva permit à toutes les cités de l'empire romain de recevoir des legs; et un sénatus-consulte porté sous Adrien renouvela cette concession (2).

Cependant, Pline le jeune, qui vivait sous Trajan, dit, dans une de ses lettres : « Nec heredem institui nec præcipere posse rempublicam constat. » Il est difficile de croire que l'édit de Nerva ne soit pas parvenu à la connaissance de Pline; nous ne trouvons pas non plus dans ce texte une preuve que cet édit ne fut pas appliqué.

(1) Gaius. II, § 195 ; L. 80, Dig. XXXI.
(2) Ulp. 24, § 28 ; LL. 117, 122, Dig. XXX. — Il fallut au contraire attendre jusqu'au milieu du ve siècle (Léon, 469) pour que le droit d'être instituées héritières fût concédé aux cités. Là, en effet, l'incapacité de droit résultait d'une incapacité de fait indiscutable et indiscutée. De même, les collèges qui ne purent être institués héritiers que par un privilège spécial, reçurent sous Marc-Aurèle le droit de devenir légataires.

Nous pensons qu'il suivit son cours, « mais que le *legatum præceptionis* resta fermé aux municipes comme inséparable de l'institution d'héritier, qui ne leur avait pas encore été accordée. » (1)

Le privilége réservé jusque-là aux villes fut singulièrement étendu par Marc Aurèle ; il le concéda aux colléges autorisés, et nous en voyons l'application aux colléges de décurions et aux colléges de prêtres (2). Enfin, du jour où un rescrit donna aux villages, *vici*, le droit de recueillir des legs, on put dire que le privilége devint le droit commun pour les personnes civiles (3).

Notons, en passant, que le legs fait à l'empereur était recueilli par son successeur au trône, quand il mourait *ante diem cedentem*(4).

La capacité pour les personnes civiles de recevoir à titre de legs fut tellement élargie, qu'on interpréta les legs d'une façon très-libérale, de manière à leur faire produire effet autant que cela était possible. Nous avons déjà dit que le legs fait *civibus* était réputé fait *civitati ;* que le legs fait *pauperibus* recevait aussi son accomplissement. Alors même que le collége n'avait pas le *jus coeundi*, le legs qui lui était adressé était valable, quand on avait soin de l'adresser à tous ses membres individuellement (5).

Le legs d'usufruit adressé à une personne civile cesse par le laps de cent ans de produire son effet; car on la considère à cet égard comme l'homme qui at-

---

(1) Savigny, L. II, ch. II, § 93, note *l*.

(2) L. 20, Dig. XXXIV, 5 ; LL. 20, § 1 ; 23. Dig. XXXIII, 1 ; L. 38, § 6, Dig. XXXII.

(3) L. 73, § 1, Dig. XXX.

(4) L. 56, Dig. XXXI.

(5) LL. 2, 20, Dig. XXXIV, 5.

teint le maximum de la vie humaine, ὁ μακροχρόνιος ἄνθρωπος , et cette limite extrême est réputée être cent ans (1); sans cette précaution législative, la propriété serait réduite à néant, si l'existence de la personne civile se transformait en une éternité. — Au contraire, le legs fait *in annuos singulos* à une cité, une curie, un municipe, une église ou un établissement pieux est perpétuel; ce legs n'entame nullement, en effet, la propriété, et on ne peut pas craindre qu'elle s'évanouisse comme dans la précédente hypothèse. Plusieurs textes du Digeste constatent cette théorie (2).

CHAPITRE VII.

BONORUM POSSESSIO.

La succession prétorienne offrait, pour les personnes civiles, un inconvénient analogue à celui que nous avons rencontré dans la succession testamentaire de droit civil. On ne pouvait obtenir en effet la *bonorum possessio* qu'en la demandant ; on exigea même une formule solennelle jusqu'à la promulgation d'une constitution de Constance (3).

Mais le préteur reconnut de bonne heure la possibilité d'une représentation; ainsi le tuteur put former la demande pour son pupille (4), et en ce qui touche les *universitates*, Ul-

---

(1) L. 56, Dig. VII, 1.

(2) LL. 6 ; 20, § 1 ; 23 ; 24, Dig. XXXIII, 1 ; LL. 46, § 9 ; 57 ; Code I, 3.

(3) Inst. III, 9, § 8 à 10 ; L. 9; Code, VI, 9.

(4) L. 11, Dig. XXVI, 8; L. 7, § 1. Dig. XXXVII, 1; L. 3, § 4, Dig. XXXVII.1.

Piébourg.   7

pien nous dit : « La *bonorum possessio* peut être accordée aux municipes, aux sociétés, aux décurions et aux corporations : ils l'obtiendront sur la demande de leur représentant, *actor*, ou de quelque autre ; et si personne ne la demande au nom du municipe, le municipe l'obtiendra en vertu de l'édit du préteur. »

Ce fragment d'Ulpien, conservé au Digeste, ne vient-il pas contredire ce que nous lisons dans ses *Règles* ? Si les personnes morales ont à leur disposition la *bonorum possessio*, pourquoi dire qu'elles ne peuvent pas être instituées héritières ? que leur importe de recueillir une succession en vertu du droit civil, ou du droit prétorien ? Nous pensons que le principe du droit civil se maintint néanmoins, puisqu'une constitution de Léon fut nécessaire pour proclamer l'aptitude des personnes civiles à l'institution héréditaire. Et quant à la *bonorum possessio*, on peut supposer qu'elle n'était accordée, avant 469, que dans le cas de la succession d'un affranchi (1).

Quelle est la *bonorum possessio* que pourra obtenir la personne civile ? — En cas de testament, ce sera la *bonorum possessio secundum tabulas* ; ce sera la *bonorum possessio contra tabulas dimidiæ partis*, quand l'affranchi de l'*universitas* n'ayant pas de *liberi naturales* ou les ayant exhérédés, a omis son patron dans son testament ou ne lui a pas laissé la moitié de sa succession. — S'il n'y a pas de testament, l'*universitas* obtiendra la *bonorum possessio unde legitimi* (2).

---

(1) L. 1, § 1, Dig. XXXVIII, 3.
(2) L. 3, Dig. XXXVIII, 7 ; Inst. III, 7.

CHAPITRE VIII.

OBLIGATIONS.

Les droits d'obligation enrichissent et grèvent l'*universitas* comme telle, et non pas chacun des membres qui la composent ; c'est la conséquence du principe fondamental *universitas distat a singulis.* Néanmoins toute corporation « peut contraindre ses propres membres à contribuer au paiement des dettes de l'*universitas;* ce droit qu'elle exerce vis à vis d'eux tient à sa constitution intérieure, et n'a rien de commun avec les dettes qu'elle peut contracter envers des étrangers. »

La confusion de ces idées si nettement exposées par Savigny, parait avoir conduit Voët à un résultat très-discutable : partant de ce que, même sans engagement spécial vis à vis du créancier, les membres de l'*universitas* doivent *pro ratâ parte* fournir de quoi payer la dette (1), cet auteur conclut *a fortiori* que, s'ils se sont nominativement engagés à la dette, ils seront tenus *in solidum* (2). Rien n'est moins fondé que cette déduction ; ce raisonnement tombe devant la loi 11, § 2. Dig. (XLV, 2.) d'où il ressort clairement que l'obligation n'est *in solidum*

---

(1) Cette idée n'est même pas parfaitement exacte ; sans doute la personne civile peut demander à ses membres une cotisation pour désintéresser ses créanciers, mais cela n'a lieu qu'en vertu d'une clause de ses statuts. Si donc ce mode de contribution n'a pas été réglé, les biens de l'*universitas* peuvent seuls être saisis.

(2) Il leur reconnaît toutefois un recours contre l'*universitas* pour se faire rembourser leur avance et se faire même indemniser du préjudice causé par le déboursement total. (Voët. I, p. 168.)

qu'autant qu'elle a été contractée telle d'une manière expresse (1). Le seul débiteur principal, c'est la personne civile ; l'engagement ordinaire des membres en fera donc simplement des débiteurs conjoints. — Pour fortifier son opinion, Voët ajoute qu'il serait injuste que le créancier de l'*universitas* fût obligé de diviser ses poursuites, et de recevoir des paiements particls d'autant plus minimes que le nombre des membres serait plus grand. Il ne me paraît pas qu'il y ait dans cette solution une injustice : chacun des associés s'étant engagé personnellement, l'idée qui doit se présenter naturellement au créancier, c'est que chacun promet de payer sa part dans la dette; mais l'idée d'une solidarité sous-entendue se conçoit difficilement.

Voilà l'effet des obligations existant à la charge des *universitates*. Voyons comment elles peuvent devenir créancières et débitrices.

La loi 9 au Dig. (III, 4.) nous apprend que les obligations qui naissent sans la volonté de l'individu produisent activement et passivement, vis à vis des personnes civiles, les mêmes effets que pour les personnes naturelles ; Pomponius vise le cas notamment d'une indivision. — Savigny fait observer que les actions noxales peuvent être dirigées contre la personne civile dont l'esclave a commis un délit.

Quelques questions délicates demandent à être étudiées sur les obligations *ex contractu* et *ex delicto*.

§ I. — *Obligations ex contractu.*

Activement, les créances peuvent être acquises à la

(1) Carpzovius, Jurispr. forens., 2ᵉ partie. Const. VI, def. 26.

personne civile par l'intermédiaire de ses esclaves *ipso jure* (1). La représentation *per extraneam personam* n'engendrait au contraire à Rome que des actions utiles au profit de la personne représentée (2); des textes énoncent ce principe à propos de la représentation des municipes soit par les décurions administrateurs généraux, soit par un *syndicus* représentant spécial pour une affaire déterminée.

Au point de vue passif, la représentation *per servos* était loin d'être aussi complète. Ils ne pouvaient en effet obliger la personne civile que *de peculio*, ou *de in rem verso* si la personne civile avait retiré un profit de l'acte par eux passé; ou enfin dans le cas où un *servus universitatis* avait été préposé à la conduite d'un navire ou à la direction d'un commerce. Dans toutes ces hypothèses, l'action donnée contre la personne civile était *utilis*, parce que l'esclave n'avait pu contracter que sur l'ordre spécial ou général de l'administrateur (3).

Des textes conservés dans les recueils législatifs, il résulte clairement que les contrats *re, verbis, litteris* et *consensu*, sont accessibles aux personnes civiles. Nous en dirons autant des pactes légitimes et prétoriens (4).

Deux points demandent quelques explications; elles se réfèrent aux contrats *re* et à la *pollicitatio*.

I. — Un fragment d'Ulpien, connu sous le nom de loi *Civitas*, est ainsi conçu : « Une cité peut être obligée par

(1) L. 3, Dig. XLV, 3 ; L. 11, § 1, Dig. XXII, 1.
(2) L. 5, § 7, 8, 9, Dig. XIII, 5 ; L. 10, Dig. III, 4.
(3) L. 4, Dig. XV, 4.
(4) L. 14, Dig. II, 14; L. 33, Dig. XXII, 1; L. 11, Dig. XX, 1; L. 2, § 13, Dig. L. 8; L. 15, § 26, Dig. XXXIX, 2; L. 30, § 1, Dig. XIX. 2; L. 5, § 7, Dig. XIII. 5.

suite d'un *mutuum*, si l'argent prêté a tourné à son profit; autrement l'obligation ne grève que ceux qui ont contracté, et non pas la cité (1). »

Ce texte est demeuré célèbre à cause des discussions auxquelles il a donné lieu. L'intérêt attaché à la solution de la controverse est le suivant : si la décision de ce texte contient l'application normale des règles du mandat, toutes les personnes civiles pourront en demander l'application à leur égard ; voit-on au contraire dans la loi *Civitas* une dérogation aux règles ordinaires du mandat, elle consacre un privilége au profit des villes (2).

La loi *Civitas* contient, selon nous, l'exposé des principes du droit commun. Cette affirmation sera justifiée par l'examen successif de trois hypothèses importantes (3).

Premier cas. Les magistrats de la cité, les duumvirs en général, empruntent par ordre de la cité, c'est-à-dire *consilio et decreto universitatis legitime et ex more interposito*. La cité est alors directement obligée, indépendamment de tout profit retiré par elle ; quant aux magistrats, ils sont tenus comme des représentants, et l'expiration de leurs fonctions les soustrait à toute poursuite (4). —

---

(1) L. 27, Dig. XII, 1. La novelle 120, ch. 6, a étendu cette décision aux églises.

(2) Pothier, sans prendre parti dans la question, étend la décision d'Ulpien à tous les contrats passés par les administrateurs des villes : « Et generaliter ex contractu magistratuum municipalium in ipsos actio datur, si id quod contraxerunt non versum est in rem Reipublicæ; sin autem, in ipsam Rempublicam actio datur. » Ad Pand. t. 8, sect. 2, art. 2.

(3) Voët. Liv. XII, t. 1, n° 11.—Carpzovius, 2e partie, Const. VI, def. 18 et seq.

(4) L. 35, § 1, Dig. XLIV, 7 ; L. 3, § 2, Dig. L, 8.

Cette première hypothèse n'est donc pas régie par la loi
Civitas : et la preuve que la ville peut être obligée sans
qu'elle ait retiré du *mutuum* un avantage, c'est que plusieurs textes lui accordent la *restitutio in integrum* (1).

Deuxième cas. Les duumvirs empruntent-ils sans mandat, eux seuls sont obligés, si la cité ne retire aucun profit du *mutuum*; ils restent même tenus *post depositum offi-
cium.*

Troisième cas. Enfin quand la ville a profité d'un *mutuum* contracté sans mandat par ses administrateurs, les
principes de l'équité suffisent à faire admettre l'obligation de la ville.

II. — C'était un principe à Rome que *ex nudâ pollicita-
tione, nulla actio nascitur* (2); la simple promesse adressée
à une personne de faire telle chose pour elle était absolument inefficace, et l'on était toujours libre de revenir
sur une promesse spontanée qui ne répondait à aucune
interrogation préalable.

Cependant par dérogation à cette règle, la loi donna
force obligatoire à la promesse unilatérale dans deux cas
particuliers :

1° Le vœu adressé à la divinité est valable, et ce mode
de promesse spécial était assez en usage dans l'antiquité ;
ainsi Camille, devant combattre les Véiens, voua à
Apollon le dixième de ses prises. — Le fils de famille et
l'esclave ne pouvaient pas faire un vœu efficace sans
l'autorisation du père ou du maître. — L'obligation ré-

(1) L. 4, Code II, 54.
(2) Paul, V, 12, § 9.

sultant du vœu passe à l'héritier, si le promettant décède avant de l'avoir accompli (1).

2° Sera encore obligatoire la promesse faite à l'Etat ou à une ville, pourvu qu'elle ait déjà reçu un commencement d'exécution (2), ou qu'elle soit motivée par des circonstances spéciales. Parmi ces faits qui donnent à la pollicitation un caractère sérieux, les textes citent le désir de réparer un désastre causé par un incendie, un tremblement de terre, ou tout autre fléau, et le désir d'obtenir une place honorifique (3).

Quand le promettant avait éprouvé des pertes depuis sa pollicitation, il avait le droit de se soustraire à l'achèvement de ce qu'il avait promis, à la condition de laisser à la cité un cinquième de ses biens. Les héritiers qui étaient tenus de son obligation comme de toute autre obligation née du chef de leur auteur, pouvaient aussi se refuser à parfaire l'œuvre promise, en abandonnant un dixième de la succession s'ils étaient descendants du défunt, et un cinquième dans le cas contraire (4).

Cette théorie de la pollicitation fut étendue aux établissements religieux par Zénon : le commencement d'exécution était même inutile; mais l'acte de donation devait avoir été insinué (5).

§ II. — *Obligations ex delicto.*

Propriétaire de biens corporels, la personne civile

(1) L. 2, Dig. L, 12.
(2) LL. 1, § 2 ; 3, § 1 ; 11, Dig. L, 12.
(3) LL. 1, § 1 ; 4; 6, § 2 ; 13 pr.; 14, Dig, L, 12.
(4) LL. 9; 14 ; 15, Dig. L. 12.
(5) L. 15, Code I, 2.

peut être victime d'un vol, comme un simple particulier, et en obtenir réparation ; elle poursuivra, *ex lege Aquilia*, l'individu qui aura tué ou blessé un de ses esclaves, etc (1).

Il est une question assez délicate à résoudre à ce sujet. On se demande si le voleur des deniers d'une cité, tenu certainement de l'action *furti*, sera tenu comme le voleur des deniers du peuple Romain, de l'action criminelle *de peculatu* (2).

Deux textes absolument contradictoires figurent au Digeste. Marcien écrit : « Si quelqu'un détourne quelque chose appartenant à une cité, il sera, d'après une constitution de Trajan et d'Hadrien, tenu de l'action *de peculatu :* tel est le droit en usage » (3). D'un autre côté, Papinien dit formellement : « Ob pecuniam civitati subtractam, actione furti, non crimine peculatus tenetur » (4). Cujas a présenté une conciliation assez plausible ; il voit dans le texte de Papinien, une constatation du *jus*, de l'ancien droit ; celui de Marcien, au contraire, révèle l'existence d'un droit nouveau, consistant dans l'extension d'un ancien principe ; il parait résulter en effet de la combinaison de deux textes, que le *crimen peculatus* fut créé pour les deniers publics, c'est-à-dire du peuple Romain (5).

(1) L. 11, § 1, Dig. XLIII, 24 ; L. 31, § 1, Dig. XLVII, 2 ; L. 46, § 1, Dig. XLIX, 14.

(2) Inst. IV, 18, § 9.

(3) L. 4, § 7, Dig. XLVIII, 13.

(4) L 81, Dig. XLVII, 2. — Alciat avait trouvé un moyen simple, mais trop hardi, de concilier les deux textes ; il lisait ainsi la loi 81 : « Actione furti, *necnon* crimine peculatus tenetur. » Cujas, t. 4, c. 843 C.

(5) L. 1, Dig. XLVIII, 13 ; L. 15, Dig. L. 16.

Nous devons rechercher maintenant si les personnes civiles peuvent être obligées *ex delicto* envers quelqu'un. La question veut être examinée à deux points de vue : en droit criminel et en droit civil.

DROIT CRIMINEL.

Le principe admis à Rome, sur la responsabilité pénale, a toujours été, sauf quelques cas exceptionnels (1), le suivant : un crime ou un délit ne peut être imputé qu'à son auteur ; lui seul peut en supporter la peine. « Sancimus ibi esse pœnam, ubi et noxia est ;... peccata suos teneant auctores. » Par conséquent, se demander si une personne civile peut être obligée *ex delicto*, c'est rechercher si un fait illicite peut lui être imputable. La solution négative paraît au premier abord seule admissible ; c'est aussi celle à laquelle nous nous arrêtons, malgré les discussions qui se sont élevées sur ce point.

Le délit ne se comprend avec son caractère répréhensible, que si l'individu qui en est l'auteur est intelligent et libre : intelligent, pour discerner le juste de l'injuste ; libre pour choisir sans contrainte entre les deux voies que sa raison lui a fait découvrir. On ne peut pas imputer un crime à un homme fou, parce que son intelligence est obscurcie, et que sa volonté n'est plus maîtresse d'elle-même. A plus forte raison, la personne morale ne peut pas être coupable d'un fait délictueux, puisqu'elle n'a pas d'intelligence, puisqu'elle n'a pas de volonté ; c'est un être idéal, dépourvu de toute faculté intellectuelle comme de toute propriété physique.

Si ces prémisses sont bien fondées, il n'y a pas lieu

(1) Inst. IV, 5. — L. 22, Code IX, 47.

de s'arrêter aux distinctions que nos adversaires ont été obligés d'admettre par la force des choses ; tout le monde reconnaît sans doute qu'une cité ne peut pas être frappée de déportation ou d'emprisonnement ; mais des auteurs pensent qu'elle peut encourir une amende, simple condamnation pécuniaire. Selon nous, les lois pénales sont absolument inapplicables aux personnes civiles, parce que le point de départ, c'est-à-dire la culpabilité, fait complètement défaut. Quant à ces suppressions d'êtres moraux, dans lesquelles on peut voir une analogie avec la peine de mort ou la *capitis deminutio*, ce sont moins des condamnations judiciaires que des décisions émanées de l'autorité politique ou administrative : la suppression de la personne civile sera parfois la punition d'un crime de ses membres, justifiée par le souci de la sécurité générale ; mais parfois aussi, sans qu'il y ait de délit commis, le souverain retirera la vie à telle *universitas* devenue simplement inutile.

Il ne nous paraît pas possible, même indépendamment des considérations péremptoires qui précèdent, d'attribuer à une personne civile, cité ou corporation, la faute commise par ses administrateurs ou ses membres, individuellement ou tous ensemble, même après délibération tenue dans les formes d'une réunion normale (1). Viendrait-on prétendre que les représentants de la personne civile peuvent la représenter en matière délic-

(1) Nous avons, du reste, montré plus haut que la volonté collective de tous les membres de l'*universitas* n'était pas la volonté de l'*universitas* elle-même. Quant au texte « Quod major pars curiæ effecit pro eo habetur, ac si omnes egerint », nous pensons qu'il faut uniquement l'appliquer aux délibérations licites dont nous avons parlé au chapitre de la représentation.

tueuse ou criminelle? Mais, aucun texte ne nous autorise à le décider ainsi ! Jamais le tuteur n'a pu représenter le pupille de façon à commettre un crime dont celui-ci serait responsable ; les mandataires, même munis des pouvoirs les plus étendus, ne peuvent pas représenter le mandant pour un fait illicite : *mandatum turpis negotii nullum est.*

La représentation de la personne civile est le complément de la personnalité que l'Etat lui reconnaît ; elles ont le même champ et le même but : la participation aux droits actifs et passifs, relatifs aux biens. Les questions d'imputabilité pénale ne peuvent pas trouver place ici, de même que nous avons écarté les relations de famille : la nature même des choses exige ces deux restrictions (1). Par conséquent, les délits commis par les membres ou les chefs d'une *universitas* dans l'exercice de leurs fonctions, et que des auteurs imputent volontiers à l'*universitas* elle-même ne peuvent être reprochés qu'aux individus qui les ont commis : c'est personnellement que ceux-ci doivent en répondre au point de vue pénal (2).

Des jurisconsultes, partisans du système que nous adoptons , le justifient autrement que nous l'avons fait (3). La personnalité civile, disent-ils, n'est accordée

(1) La combinaison de ces deux restrictions nous amène à dire que l'*universitas* ne peut pas être accusée du crime de bigamie ou de tout autre emportant violation d'un devoir de famille, comme l'adultère.

(2) La théorie que nous combattons ne se conçoit guère qu'appliquée aux corporations ; il peut, en effet, venir à l'esprit d'assimiler le crime de tous les *corporati* au délit du *corpus*. Envisagé par rapport aux fondations, le système ne se comprend plus.

(3) Zachariæ, Haubold, cités par Savigny. — Mainz. I, p. 322.

par le pouvoir social que pour un but déterminé, dans lequel se restreint la sphère d'activité de l'être moral; or le pouvoir social ne peut pas autoriser un délit; il est donc évident que si la personne civile commettait un délit, elle cesserait d'être par cela seul personne juridique. Savigny fait observer avec raison que cette théorie, poussée à l'extrême, conduirait à des résultats inacceptables. Comment, en effet, pourrait-on comprendre dans ce système une personne civile jouant le rôle de *défendeur* en justice? La demande ne suppose-t-elle pas la violation d'un droit de la part du défendeur? Nous n'attachons, en conséquence, à ce raisonnement qu'une importance minime, puisque des arguments plus décisifs conduisent à la même solution.

Les adversaires de notre système appuient le leur sur cette idée : la personne civile a une capacité absolue de droit et d'action qu'aucune restriction ne limite. C'est une affirmation, et rien de plus. Sans doute la capacité de la personne morale est complète et absolue; mais il est quelque chose de supérieur à tout, et dont il faut quand même tenir compte; c'est cette *vis divina*, cette force des choses qui s'impose avec la brutalité du fait, et défie toute discussion : non, la personne civile ne peut pas commettre un délit, parce qu'elle ne peut pas choisir entre le bien et le mal.

DROIT CIVIL.

La théorie que nous soutenons au point de vue du droit pénal a aussi des conséquences en droit civil. La personne morale ne peut pas être appelée à réparer le dommage résultant d'un délit qu'elle est dans l'impossibilité de commettre, et de même que ses représentants coupables répondent pénalement des délits commis par eux, ainsi eux seuls seront tenus des réparations civiles : tel est le principe.

Toutefois, il importe d'entendre ici par *représentants*, seulement les administrateurs, *syndici* d'un collége, décurions d'un municipe, etc. Quant aux esclaves dont la personne civile est propriétaire, et qui la représentent également dans une certaine limite, il y a lieu de faire l'application d'un principe spécial au droit Romain. Le *servus* ne possédant rien en propre, les personnes lésées par son dol le seraient impunément si on n'avait pas admis que le *dominus* serait tenu de réparer le dommage commis : il n'est cependant responsable que jusqu'à concurrence de la valeur de l'esclave, et peut s'affranchir de cette obligation par l'abandon noxal. A cet égard, rien ne s'oppose à ce que la personne civile soit traitée comme tout autre propriétaire : le délit de ses esclaves réfléchit donc contre elle.

A un autre point de vue, la personne civile peut être poursuivie à raison du dommage provenant de l'inexécution ou de l'exécution dolosive de ses obligations. Quant au délit de ses administrateurs, elle n'en sera tenue que jusqu'à concurrence de l'enrichissement que l'acte illicite lui aura procuré.

Plusieurs textes, au Digeste, confirment cette doctrine : « L'interdit sera délivré contre le municipe qui aura tiré un avantage d'un acte de violence commis en son nom (1). » L'action de *dolo* peut-elle être donnée contre les municipes, se demande Ulpien? Elle ne peut pas l'être, ajoute-

---

(1) L. 4, Dig. XLIII, 16.

t-il, à raison de leur dol personnel; car de quel dol un municipe pourra-t-il être coupable? mais je pense qu'elle sera exercée à raison du dol de ses administrateurs, pourvu qu'il en ait tiré un enrichissement. Quant aux administrateurs, ils seront tenus personnellement de l'action *de dolo* (1).

Et dans un autre passage plus délicat, le même Ulpien donne la même solution dans un cas où la violence résultait d'un acte des habitants d'une ville (2) : « Les Campaniens, dit-il, avaient par des actes de violence extorqué à quelqu'un un acte écrit de pollicitation : un rescrit autorisa dans ce cas le préteur à accorder la *restitutio in integrum*, et le préteur décida que la victime de la violence pouvait exercer contre les Campaniens l'action *quod metus causa*, ou opposer l'exception en supposant qu'on agisse contre elle. »

Ulpien, qui accorde l'action *quod metus causa* contre la ville des Campaniens, ne pose pas la nécessité d'un enrichissement de sa part; serait-il donc en contradiction avec ce qu'il écrit dans un autre fragment précité? Nullement; nous savons, en effet, que la pollicitation faite en faveur d'une cité est obligatoire : donc la violence a eu pour résultat d'enrichir la cité des Campaniens d'un droit de créance. Par conséquent, Ulpien est d'accord avec lui-même et avec les principes, en donnant contre la cité l'action *quod metus causa*, qui peut être exercée contre toute personne qui a bénéficié de la violence.

(1) Loi 15, § 1, Dig. IV, 3.
(2) L. 9, § 1 et 3, Dig. IV, 2.

CHAPITRE IX.

ACTIONS.

L'aptitude aux droits de propriété et de créance appelle comme conséquence inévitable, sous peine de demeurer vaine, la faculté de paraître en justice pour les faire respecter.

Sous le système des actions de la loi, la représentation étant interdite, il semble bien que les personnes civiles ne pouvaient pas figurer dans un procès. Cependant Gaius (1) nous apprend qu'il était permis d'agir *pro populo*; soit que ce terme s'applique exclusivement au peuple Romain, soit qu'on y comprenne le peuple d'une cité quelconque, il n'en reste pas moins établi que les colléges, fondations et corporations sont exclus du droit de plaider.

C'est la loi Æbutia qui, en organisant le système formulaire, a donné aux personnes civiles la possibilité de jouer un rôle dans une instance judiciaire.

La théorie nouvelle permettait de se faire représenter en justice par un *procurator* ou par un *cognitor;* celui-ci qu'on pourrait, par opposition au premier, appeler le véritable représentant, était constitué en présence du mandant qui devait prononcer devant le préteur une formule solennelle; la personne civile ne pouvait évidemment pas satisfaire à ces exigences formalistes.

Quant au *procurator*, il ne représente le mandant que d'une manière bien indirecte. C'est à lui, en effet, que

(1) Gaius, IV, § 82.

profite le gain du procès, c'est lui qui subit les conséquences d'un échec ; mais, grâce aux détours ingénieux
d'un système de cautions, c'est, en fin de compte, le
représenté qui bénéficie ou souffre de l'issue de l'instance. Théoriquement, ce mode de représentation n'est
pas plus que le précédent à la portée de la personne
civile, car il suppose des recours réciproques entre le représenté et le représentant. L'utilité du résultat fit néanmoins oublier la théorie pure, et les textes du Digeste
constatent et organisent la représentation des personnes
juridiques (1).

On appelle *actor* le représentant général assimilé sur
nombre de points au procureur ordinaire (2); on nomme
syndicus la personne munie d'un pouvoir spécial. On comprend facilement qu'il importait aux *universitates* de ne
pas distraire plusieurs personnes de leurs affaires, mais
plutôt de confier à une seule le soin de plaider pour
elles.

Le représentant d'une cité était nommé selon les règles
de la loi municipale qui pouvait indiquer des mesures
précises à suivre. A défaut de loi, l'ordre des décurions
était chargé de ce soin ; l'*ordo* pouvait même donner à
telle personne déterminée le pouvoir de faire la nomination (3).

Le père et le fils peuvent voter l'un pour l'autre,

(1) LL. 1, 6, Dig. III, 4.

(2) Les pouvoirs peuvent lui être enlevés par l'autorité de qui il
les tient, pour incapacité, etc. Il se fait tenir compte de ses im-
penses et de ses *damna*. Il ne peut pas exécuter un mandat illicite ;
l'*universitas* serait punie, et il n'aurait contre elle aucun recours.
Il doit fournir la caution *de rato*, si son mandat n'est pas évident.

(3) LL. 3, 6, Dig. III, 4.

Piébourg.   8

quoique le fils soit encore sous la puissance de son père; car ils agissent non comme parents, mais comme décurions, à moins que la loi du municipe ou la coutume continue ne le prohibe. Si le syndic est choisi dans le sein de la curie, sa voix compte pour former la majorité en sa faveur (1).

Si une corporation se réduit à un membre, celui-ci peut agir comme représentant de la personne civile, qui subsiste toujours. Ulpien indique par là, non pas que l'être moral se confond dans la personne du seul membre survivant, mais que celui-ci peut, sans recourir à l'intermédiaire d'un *actor* ou d'un *syndicus*, agir au nom de la corporation (2).

Les textes ne parlent pas de l'hypothèse où un serment doit être prêté au procès; mais on s'accorde à lui appliquer une décision donnée en matière de legs (3). Un appel à la conscience d'une personne fictive étant impossible, c'est aux magistrats de l'*universitas* qu'on demandera la prestation du serment. Que si elle est *inordinata*, on est fondé à croire que le serment sera prêté par la majorité des membres; mais les textes n'ont pas visé cette hypothèse particulière.

Notre titre (Dig. III, 4) est plus large en ce qui concerne le droit de défense qu'en ce qui touche le droit d'action. Tandis, en effet, que l'*actor universitatis* peut seul poursuivre au nom de la personne morale (4), le proconsul, dit Gaius, permet à tout le monde de se porter défendeur pour l'*universitas*; car celle-ci ne peut qu'y ga-

(1) LL. 4, 5, 6, Dig. III, 4.
(2) L. 7, § 2, Dig. III, 4.
(3) L. 97, Dig. XXXV, 1 ; L. 14, Dig. L, 1.
(4) L. 3, Dig. III, 4.

gner (1). Et, en effet, si personne ne répond à l'action dirigée contre elle, le préteur envoie le demandeur en possession de ses biens, puis en ordonne la vente : les meubles seront vendus les premiers, puis les immeubles, et en cas d'insuffisance, les créances et les choses incorporelles (2).

Les modes ordinaires d'exécution reçoivent leur application contre la personne morale. Quand c'est elle qui a gagné le procès, c'est à elle et non pas à l'*actor* qu'appartient l'action *judicati*, à moins que le représentant n'ait été constitué *in rem suam* (3).

La caution *judicatum solvi* est exigée de la part de quiconque veut se porter défendeur au nom de la personne civile; et celle-ci étant dans l'impossibilité de la fournir elle-même, le représentant ne peut pas se dispenser de cette obligation (4).

(1) L. 1, § 3, Dig. III, 4.
(2) LL. 1, § 2; 8, Dig. III, 4; L. 15, § 2, Dig. XLII, 1.
(3) L. 6, § 3, Dig. III, 4.
(4) Inst. IV, 11, § 5; L. 6, § 3, Dig. III, 4.

ANCIEN DROIT

CHAPITRE PREMIER

ÉPOQUE FRANQUE

Quand l'invasion eut jeté aux quatre coins de l'univers
connu les débris de la civilisation romaine, les barbares
modelèrent peu à peu, et en quelque sorte insciemment,
une partie de leurs institutions sur celles de la ville éternelle. Beaucoup devaient disparaître; mais il en est dont
la nécessité assura l'existence et qui se maintinrent
transformées à travers les plus grands bouleversements:
ainsi subsistèrent les personnes civiles. Les populations,
se groupant par instinct, entraînèrent la conservation
des *fora*, des *conciliabula*, qui se transfigurèrent en communautés d'habitants , puis en communes. Les moines
et les cénobites ne faisaient que perpétuer les traditions
des monastères du Bas-Empire; les maladreries rempli-
rent le même but que les nombreux établissements de
refuge cités au Code. La misère et la souffrance étant de
tous les temps et de tous les lieux, les hôpitaux, une
fois créés, subsistèrent, et l'on retrouve , aux diverses
époques de la monarchie française, ces associations et

ces fondations capables, comme on disait à Rome , de posséder et d'avoir un représentant.

On sait combien, pendant le laborieux enfantement de la monarchie, fut grande l'influence du clergé, combien son action fut décisive. C'est lui qui, le premier, a l'idée de fonder des communautés et des associations, et il paraît bien qu'une certaine liberté fut laissée aux fonda - teurs. Il fallait, disait-on, ne pas entraver l'action des personnes qui, selon les paroles des évangélistes, faisaient de leur charité un acheminement vers leur salut éternel : « Vende omnia quæ habes, et da pauperibus, «. et habebis thesaurum in cœlo » (1). Les établissements de bienfaisance qui facilitaient la pratique de la charité furent entourés de priviléges, et c'est comme protecteur que le roi en surveille la création.

Les capitulaires de Charlemagne et de ses successeurs contiennent des témoignages de cette sollicitude pour les établissements ecclésiastiques de cette époqae. Ils indiquent maintes fois leur propriété, et défendent à plusieurs reprises aux prêtres de vendre les biens de leur paroisse sans une autorisation préalable : « Placuit ut « presbyteri non vendant rem Ecclesiæ ubi sunt consti- « tuti nescientibus episcopis suis. — Ut presbyteri rem « Ecclesiæ sine licentia vel scientia sui episcopi vendant, « nec cuiquam tribuant. — Ut presbyteri civitatis sine « jussu sui episcopi nihil jubeant, nec in unaquaque pa- « rochia aliquid agant. » (2)

On rencontre également l'idée première des hospices communaux et des dépôts de mendicité dans un capitu-

---

(1) Matth., 19 ; Luc, 18, cités par Baluze. II, 399.
(2) Cap. Karoli Magni, l. VI, ch. 31, 57, 58.

laire du grand empereur : chaque paroisse est tenue de nourrir, loger et entretenir les pauvres de sa circonscription ; et, afin de remédier au vagabondage, il est ordonné que les mendiants qui seront trouvés sur une paroisse autre que la leur seront expulsés et punis (1).

En ce qui touche les corps de métiers, auxquels le Bas-Empire avait appliqué un système d'oppression et de spécialisation étroite, les documents sont rares sur leur destinée pendant l'époque franque, et, depuis le ve siècle de notre ère, on n'en trouve plus guère de traces chez les historiens. La rareté du numéraire dans cette période dut sensiblement affaiblir l'industrie et les associations dont elle était l'occasion pour porter toute l'activité vers la culture du sol, la seule richesse appréciable alors. Quoi qu'il en soit, les traditions subsistèrent probablement, bien qu'à l'état latent, et il paraît même que le corps des marchands se distinguait à peine de la curie sous la première race (2).

Il n'est pas jusqu'aux associations amicales qui ne se perpétuèrent à travers les siècles de transition.

Leur constitution se présente avec une grande netteté surtout dans l'ancienne Scandinavie sous le nom de *ghilde;* ce genre d'association se répandit chez les peuples d'origine germanique, et on en trouve des traces chez les Anglo-Saxons et les Francs. La ghilde, dont le sens propre est « banquet à frais communs, » était une réunion tenue à certains jours solennels, placée d'abord sous le vocable d'un roi ou d'un héros, puis d'un saint, et à laquelle étaient conviés tous ceux qui avaient juré

(1) M. Batbie. Cours d'économie politique, année 1869-70.
(2) Félibien. Histoire de Paris, t. I.

par sermentde se défendre l'un l'autre, et de s'entr'aider comme des frères. Cette assistance mutuelle et ces bons offices se perpétuaient par delà le tombeau ; quand un des coassociés, convives, conjurés, venait à mourir, quatre frères devaient veiller autour de son corps et l'ensevelir en grande pompe, au milieu du concours de tous les associés.

Ces corporations constituaient des corps à part dans la nation, et que nous appellerions aujourd'hui des personnes civiles. Elles avaient, en effet, des chefs choisis dans leur sein, présidant à leurs affaires, des règles obligatoires pour tous les *frères de banquet*, et un trésor commun alimenté par des cotisations annuelles (1). Ne sont-ce pas là les caractères distinctifs signalés par Gaius à propos des associations *quibus córpus habere licet*? Ce sont ceux aussi que consacre le droit moderne. Elles ont l'*arca communis* et le représentant qui s'appelle *syndicus, jurat, major* ou *capitoul*.

Mais ces associations ne gardèrent pas toujours ce caractère pacifique et de bienfaisance ; dans l'état des mœurs à demi barbares des premiers temps de la monarchie, elles ne pouvaient pas le conserver. La guerre privée et le système de vengeance d'homme à homme, de famille à famille, ouvrirent aux ghildes germaniques un nouveau champ d'activité ; chaque associé était solidaire de ses frères de banquet, et le voleur ou le meurtrier de l'un d'eux voyait une légion de vengeurs attachée à sa poursuite. Le péril évident qu'engendraient ces conflits violents à main armée fut, pour les rois et les évêques, un motif de répression contre ces conjurations

(1) M. Augustin Thierry. Consid. sur l'hist. de France, ch. V.

dont l'extension devenait inquiétante à beaucoup d'égards.

Un capitulaire de 884 est ainsi conçu : « Nous voulons que les prêtres et les officiers du comté ordonnent aux villageois de ne point se réunir en associations vulgairement nommées ghildes, contre ceux qui leur enlèvent quelque chose, mais qu'ils portent leur cause devant le prêtre envoyé de l'évêque et devant l'officier du comte établi à cet effet dans la localité, pour qu'il soit corrigé selon la prudence et la raison. »

L'intempérance, qui pénétrait dans les mœurs, s'introduisit facilement dans ces festins, religieux à l'origine, où l'on vidait une coupe en l'honneur des dieux, une en l'honneur des héros, une autre en l'honneur des parents décédés. Aussi lit-on dans un texte de 789 : « Le mal de l'ivresse doit être prohibé pour tous, et ces conjurations, qui se font sous l'invocation de saint Etienne, ou par notre nom, ou par le nom de nos fils, nous les prohibons. »

En somme, que ces considérations aient servi de motifs vrais ou simplement de prétexte pour réprimer les abus de ces associations, le contrôle de l'autorité est manifeste en ce qui les concerne. Un capitulaire de l'archevêque de Reims, Hincmar, est précieux à ce sujet ; il recommande aux prêtres de son diocèse de ne tolérer les confréries et les ghildes que « quantum ad auctori-« tatem et utilitatem, atque rationem pertinet. »

Voilà, nettement indiqué, le principe de la surveillance et de l'autorisation d'un pouvoir supérieur. Elle passa à Rome des mains du peuple aux mains de l'empereur ; rien d'étonnant à ce qu'elle soit exercée à l'époque franque par les évêques et par les rois qui se partageaient l'autorité.

CHAPITRE II

ÉPOQUE FÉODALE

Il paraît assez probable que la magistrature urbaine continua pendant l'anarchie mérovingienne d'exercer une partie du pouvoir dont elle avait joui à Rome; mais la rareté et l'obscurité des documents relatifs à cette période ne permettent de rien affirmer.

C'est à l'époque féodale que se fait sentir le réveil des institutions communales; un besoin universel de réforme tourmentait les populations ; elles tentèrent, on sait avec quelle âpreté, de conquérir une situation politique et des franchises municipales, mais elles cherchèrent en même temps à rentrer en possession des droits privés des anciens municipes. Les communautés d'habitants voulaient reconstituer leur patrimoine commun et leurs revenus avec le droit de les administrer librement, et ériger l'association des citoyens en une corporation libre; elles voulaient, en un mot, rentrer en possession de la personnalité civile.

C'est peu à peu, soit par des concessions bienveillantes des rois, soit par des chartes arrachées violemment par la voie de l'insurrection, que se produisit et s'affirma le grand mouvement de l'affranchissement communal. « Au XIIe et au XIIIe siècle, dit M. Augustin Thierry, il y eut une immense personnalité municipale que les siècles suivants mitigèrent et amortirent de plus en plus. » Bien que l'effort collectif des populations ait beaucoup produit à lui seul, il n'en reste pas moins vrai, dans une certaine mesure, que l'autorisation du roi devait sanctionner l'établissement des municipalités. Quoique le système de Bréquigny ne soit pas admissible de tous points, il contient une trop grande part de vérité pour qu'on le passe sous silence : « La commune, dit-il, outre ses coutumes particulières, outre ses franchises, outre sa juridiction propre, jouissait de l'avantage d'avoir des citoyens unis en un corps par une confédération jurée, soutenue d'une concession expresse et authentique du souverain. »

Cette confédération jurée, qui servit, dans le Nord, de moyen pour arriver à l'affranchissement des communes, est précisément la ghilde de l'époque franque qui se transforma avec le temps. Cette institution d'importation étrangère ne conserva pas en France le caractère religieux dont elle ne se départit pas dans son lieu d'origine ; elle s'assouplit au contraire, et « se dégageant de l'enveloppe de son vieux symbole, elle devint capable de s'appliquer à des intérêts spéciaux, à de nouveaux besoins politiques » (1).

Après avoir été le berceau de ces conjurations de paysans ligués contre les seigneurs et la royauté, et qui furent si cruellement châtiés de leur révolte, les ghildes servirent de foyer aux corporations de métiers. On constate, au XIe siècle, l'existence du corps des mariniers de Paris, qui n'est que la transformation de celui des nautes de Rome et de Lutèce, et deux chartes de 1134 et de 1162 parlent des « antiques étaux de la corporation des bouchers de Paris. » Après s'être associé contre les puissants et les riches, le peuple fonda des corps d'industriels et s'associa contre la concurrence ; de là naquirent

(1) M. Aug. Thierry. Consid. sur l'histoire de France, ch. V.

les corporations exclusives du moyen âge et le compagnonnage, dont la puissance et les ressources s'étendaient si loin que l'ouvrier trouvait dans les villes importantes où l'exercice de sa profession l'entraînait, un secours pécuniaire dans la bourse commune et un asile toujours prêt dans une maison tenue par la *mère des compagnons*.

Cette institution eut le sort des précédentes et de celles du droit romain. Libre à l'origine, elle perdit, par ses fautes, ses antiques priviléges ; partie d'une idée charitable, souvent religieuse, la confrérie, corporation, conjuration, dévia de sa direction première et servit souvent de prétexte aux désordres et aux débauches. Plusieurs conciles s'émurent de cette situation, et l'un d'eux s'exprime dans les termes énergiques que voici : « Conjura- « tiones vel conspirationes laicorum, quibus interdum « nomen confraternitatis imponunt, impietatem palli- « cantes sub nomine pietatis, omnino fieri prohibemus. « Unde statuimus quod nulla fiat confraternitas laicorum « sine auctoritate et consensu diœcesani ejusdem loci ; « quod si factum fuerit, tamdiu excommunicentur ipsius « auctores donec eadem fraternitas velut impietatis col- « ligatio penitus dissolvatur. » Et d'autres textes ordonnent la dissolution des congrégations illégales et décrètent l'emploi de leurs fonds *in pios usus* (1). — Donc le contrôle d'une autorité supérieure s'exerce toujours sur la création des confréries, ghildes et conjurations.

Quant aux associations religieuses, leur puissance alla toujours en grandissant, se liant étroitement aux institutions de charité.

(1) Concilium apud Campinacum, 1238 ; concilium Bituricense, 1528 ; concilium Tolosanum, 1229.

Les abbayes et les monastères, dont la fortune était considérable, reçurent fréquemment des libéralités, soit que la foi jeune et fervente de cette époque excitât le zèle des donateurs, soit que les idées en cours aux environs de l'an 1000 eussent déterminé les propriétaires à se dépouiller en faveur des serviteurs de Dieu, avant de paraître devant le grand Juge dont le jour était proche. On donnait aussi bien souvent aux églises et aux monastères , dans le but de s'assurer leur protection, de participer à leurs immunités et de s'exempter du service militaire.

Toujours est-il que les monastères existaient avec les caractères de l'antique fondation reconnue à Rome ; des formules mentionnent les procès intentés contre eux pour répéter des donations faites sous la pression de croyances superstitieuses : ce qui nécessitait la constitution d'un représentant pour soutenir les droits du monastère. Le droit de propriété leur est reconnu implicitement dans les actes de donation et d'acquisition si fréquents dans les formulaires ; « il ne suffisait pas, pour rendre les communautés capables de recevoir des donations, qu'elles fussent approuvées des supérieurs ecclésiastiques ; il fallait aussi qu'elles fussent approuvées du prince par lettres, sans lesquelles elles sont incapables de participer aux effets civils » (1).

Les établissements charitables dont les ghildes germaniques avaient déjà conçu l'idée ne firent qu'augmenter en nombre et en puissance ; en 838, Alric, évêque du Mans, fonda un hospice pour les évêques, abbés, comtes, et l'on sait que c'est à saint Louis que remonte l'institution des Quinze-Vingts.

(1) Glose II, 48, sur l'art. 292 de la coutume de Paris (Le Camus).

Le développement exagéré de la charité par les monastères eut, outre la concentration excessive des biens entre leurs mains, l'effet désastreux de détruire l'esprit de prévoyance chez ceux qui recevaient des secours ; le nombre des pauvres s'accrut considérablement, et quand, au xvi° siècle, la réforme supprima les monastères en Angleterre, on se trouva en face d'une population de mendiants très-dangereuse, parce qu'elle avait perdu l'habitude du travail.

Enfin l'on sait quelle fut l'importance des corporations d'étudiants et des universités du moyen âge. L'un des plus anciens documents qui nous soient parvenus est un capitulaire de Charlemagne donné à Aix-la-Chapelle en 789 et ordonnant l'établissement d'écoles dans les maisons d'évêques et les monastères ; il en établit même dans son palais une qui demeura fameuse jusqu'à Charles-le-Chauve. Puis elles disparaissent pour renaître deux siècles après sous le nom d'universités. Les maîtres de l'université de Paris résolurent de former une corporation et se donnèrent à cet effet des statuts qui furent confirmés en 1209 par une bulle du pape Innocent III, et quelques années plus tard par Philippe-Auguste.

CHAPITRE III.

ÉPOQUE MONARCHIQUE

Des développements qui précèdent, on peut tirer ces deux remarques : d'une part, que dans les premières phases de la monarchie française, se sont conservés ces

êtres corporatifs et ces personnes idéales que Rome con-
naissait et qui ont pu de tout temps acquérir et posséder; d'autre part, que l'existence de ces êtres de nature
spéciale dépendit toujours plus ou moins de la volonté
d'une autorité supérieure.

Ce sont les deux principes qu'il importait de mettre en
lumière, parce qu'ils se maintinrent sans interruption et
subsistent encore de nos jours.

Il s'accentuèrent singulièrement pendant l'époque monarchique. L'histoire est là pour dire avec quelle rapidité
s'accrut la puissance de ces personnes fictives sous l'ancien régime : les couvents et les universités, les hospices
et les communautés d'habitants, les aumôneries et les
maladreries, les colléges et les corps de métiers prirent
une importance telle qu'une partie considérable du territoire passa entre leurs mains toujours ouvertes pour
recevoir, toujours fermées pour retenir. Leurs biens
étant en fait frappés d'une sorte d'inaliénabilité, étaient
morts pour le commerce : ce qui fit donner à ces personnes le titre de *gens de main-morte* (1).

Que l'autorisation du roi fût nécessaire à la création
des gens de main-morte, c'est ce qui résulte de plusieurs
ordonnances, et notamment de celle du 7 juin 1659, qui
exigea que les communautés fussent, pour se former,
reconnues d'utilité évidente, et obtinssent des lettres patentes du roi. Toutefois il ne paraît pas que ces ordonnances aient reçu une entière obéissance, et Louis XV,
par édit du mois d'aout 1749, les confirma en y ajoutant
des mesures propres à leur exécution : « Renouvelant en
tant que besoin des défenses portées par les ordonnances

(1) Pothier. Coutume d'Orléans, t. I, art. 40.

des rois nos prédécesseurs, voulons qu'il ne puisse être fait aucun nouvel établissement de chapitres, colléges, séminaires, maisons ou communautés religieuses, même sous prétexte d'hospices, congrégations, confréries, hôpitaux ou autres corps de communautés, soit ecclésiastiques, séculières ou régulières, soit laïques, de quelque qualité qu'elles soient, ni pareillement aucune nouvelle érection de chapelles ou autres titres de bénéfices, dans toute l'étendue de notre royaume, terres et pays de notre obéissance, si ce n'est en vertu de notre permission expresse portée par nos lettres patentes, enregistrées en nos parlements ou conseils supérieurs, chacun dans son ressort, en la forme qui sera prescrite ci-après. »

A cette autorisation générale et préalable qui constituait la concession de l'existence juridique, se joignait pour l'exercice de chaque acte important de la vie civile une autorisation spéciale, qui puise sa raison d'être dans une idée de protection soit à l'égard des communautés elles-mêmes, soit à l'égard des tiers.

Dans le premier ordre d'idées, la faculté d'aliéner et de s'obliger est restreinte. Ainsi l'édit du mois d'avril 1683 et la déclaration du 2 août 1687 interdisent aux communautés d'habitants d'emprunter ou de faire aucune aliénation de leurs biens communaux ou patrimoniaux, à moins de circonstances graves, et après délibération d'une assemblée pour ce convoquée. Elles devaient pour intenter un procès, obtenir aux termes de la déclaration du 2 octobre 1703, l'autorisation du commissaire départi dans la province; et leurs créanciers ne pouvaient pas les poursuivre sans en avoir obtenu la permission de l'autorité administrative.

Les biens de l'État ne pouvaient pas être aliénés, si ce

n'est pour soutenir une guerre, ou pour constituer un apanage aux princes. De plus, l'échange fut autorisé, mais entouré de précautions pour écarter toute fraude ; et le principe de l'inaliénabilité resta inapplicable aux petits domaines (1).

Enfin, entre autres priviléges nombreux accordés aux gens de main-morte, la prescription de 40 ans courait seule contre eux, et ils puisaient dans l'analogie de leur situation avec celle des mineurs, le droit « d'être restitués par lettres de rescision pour cause de lésion considérable contre des engagements de conséquence qu'ils auraient contractés. » (2)

Le droit qu'avaient ces corps et ces communautés d'acquérir des biens sans jamais s'en dépouiller, offrait à plusieurs égards de sérieux inconvénients. Il facilitait l'appauvrissement des particuliers, en permettant aux donateurs de gratifier les gens de main morte de propriétés destinées naturellement à la subsistance et à la conservation des familles. Aussi l'édit de 1749, art. 14, exige-t-il que les gens de main-morte obtiennent préalablement des lettres patentes enregistrées au parlement, pour acquérir soit à titre gratuit, soit à titre onéreux des fonds de terre, des maisons, des droits réels ; et défense est faite à toutes personnes de prêter leur nom aux commu-

______

(1) C'est la fameuse ordonnance de Moulins de 1566 qui posa d'une façon définitive le principe de l'inaliénabilité et de l'imprescriptibilité du domaine de la Couronne. — La Constituante, partant de cette idée que la trop grande concentration de biens aux mains de l'Etat était contraire à une bonne administration, posa dans la loi des 22 nov.-1ᵉʳ déc. 1790 le principe de l'aliénabilité, subordonnée à la volonté législative.

(2) Pothier. Traité des personnes, tit. VII.

nautés pour lesdites acquisitions, à peine de **3,000** livres d'amende. Les contrats à fonds perdu sont également interdits aux communautés par des déclarations royales, à peine de confiscation des choses qu'elles auraient acquises à ce titre.

Les seigneurs et le roi, seigneur souverain, étaient aussi lésés dans leurs droits, par l'immobilisation des biens aux mains des personnes de main-morte ; ils ne pouvaient pas en effet retirer en ce qui les concerne les profits auxquels donnaient ouverture sur les biens ordinaires de la seigneurie les mutations entre-vifs ou par décès. Aussi les légistes inventèrent-ils des moyens propres à remédier à cet état de choses : on enleva aux communautés non pas le droit d'acquérir, mais le droit de retenir ce qu'elles possédaient.

Ce résultat fut obtenu au moyen de l'*amortissement ;* le seigneur de qui relevaient les héritages possédés par les communautés pouvait exiger d'elles qu'elles s'en dépouillassent entre ses mains, à moins qu'elles n'eussent obtenu du roi des lettres d'amortissement : auquel cas, elles payaient une indemnité pécuniaire, et conservaient les héritages par elles possédés. Ce système avait l'avantage de concilier avec les intérêts des seigneurs et de l'État, le respect dû aux volontés du testateur ; car « nule chose « n'est si grand come d'accomplir la volonté au mort. » — L'article 40 du titre I de la coutume d'Orléans exige que les communautés vident leurs mains dans l'année de la sommation ou du commandement qui leur sera fait, à moins qu'elles ne présentent des lettres d'amortissement, ou qu'elles ne justifient d'une possession paisible de 60 ans.

L'institution des confréries religieuses offre cette particularité, qu'elle se présenta comme une réforme du clergé séculier, dont on avait regretté à plusieurs reprises les écarts ; aussi cette espèce d'antagonisme appela-t-il l'attention des conciles. Ces confréries, disait-on, nuisent au bon ordre des choses religieuses, en entretenant les divisions dans les paroisses ; mais on ne crut pas devoir les abolir, en raison des services qu'elles rendaient et des bonnes œuvres qu'elles pratiquaient ; seulement un concile assemblé à Rouen décida qu'on examinerait leurs fondations et leurs statuts, et que par suite on ne ferait aucun de ces établissements sans une permission par écrit. L'édit de 1749 leur imposa l'obtention de lettres patentes.

Celles qui existaient depuis 1636, c'est-à-dire trente ans avant l'édit de décembre 1666, furent confirmées d'une manière générale par l'édit de 1749, qui présumait que cette longue tradition impliquait la légitimité de leur existence. Quant aux autres, elles furent déclarées non avenues ; mais le roi se réserva de se faire rendre compte de leur objet, de la nature et de la quantité de leurs biens, soit pour leur accorder des lettres patentes d'autorisation, soit pour en ordonner la suppression.

Enfin le Roi pouvait toujours, si l'intérêt de l'État le demandait, supprimer les confréries et corporations en révoquant ses lettres patentes et les priviléges qui leur avaient été accordés (1).

(1) Voir, sur la nécessité d'une intervention de l'Etat, pour la création des personnes civiles : Domat, *Droit public*, l. I, t. XV, sect. II ; Ferrière, *Dict. de droit et de pratique*, v. Communauté ; Loisel, *Inst. cout.* L. III, t. III, n° 22.

DROIT FRANÇAIS

Les recueils de droit romain qui nous ont été conservés ne contiennent pas de théorie générale sur les personnes civiles ; mais si le mot technique manquait pour les désigner, la chose du moins n'était pas inconnue ; diverses périphrases relevées dans les textes en font foi.

Le droit romain se développa depuis les XII tables jusqu'à Justinien, sans que la langue juridique adaptât une locution spéciale et précise à ces associations et fondations dont l'existence civile s'élargissait progressivement. La lacune que Gaius, qu'Ulpien n'avaient pas comblée, ne le fut point chez nous par les Domat, les Bacquet, les Pothier ; et les jurisconsultes de l'ancienne France s'occupèrent de régler la condition de chacune des diverses personnes civiles, mais nullement de poser les principes généraux de la personnalité civile.

On eût pu croire que le Code de 1804 remédierait à ce défaut d'unité : il n'en fut rien. La Révolution venait de supprimer brusquement les congrégations religieuses (1), la puissance des anciens parlements et provinces avait donné à réfléchir à l'Assemblée constituante, qui créa les départements sans leur accorder la personnalité (2). Les

(1) L. L. 13 février 1790 ; 18 août 1792.
(2) L. L. 22 décembre 1789 ; 15 janvier 1790.

rédacteurs du Code, voulant faire œuvre de conciliation, se gardèrent bien d'y insérer quelque disposition qui rappelât, même de loin, l'ancien état de choses récemment condamné : de là le silence du Code, silence regrettable, mais que les circonstances expliquent suffisamment. Non-seulement il ne contient pas de théorie d'ensemble sur les personnes civiles, morales ou juridiques, mais aucun article n'emploie ces expressions.

Et cependant, comme à Rome, la chose existe ; mais, comme à Rome, la loi ne procède que par énumération et presque timidement, donnant pour chaque institution spéciale telle décision sur tel sujet particulier. Le Code consacre en effet des droits, des priviléges incompréhensibles si on n'admet pas la personnalité de ceux qui en sont investis.

C'est donc à nous de recomposer la théorie générale, de découvrir l'idée première qui a dirigé le législateur, de dire comment naissent et comment meurent ces êtres de raison ; en quoi consiste leur personnalité. Les textes législatifs fourniront l'énumération des personnes civiles existant en France. Enfin d'après l'opinion adoptée sur la question principe, on saura s'il faut voir, dans les dispositions éparses des codes sur notre sujet, un système complet de droits se suffisant à lui-même, ou s'il ne faut pas trouver plutôt, dans la plupart de ces articles, des restrictions à une capacité largement comprise.

Ces quelques mots indiquent le plan de notre travail ; il se divisera en trois parties :

Première partie. — De la personnalité civile en général.
Deuxième partie. — Énumération des personnes civiles.
Troisième partie. — Droits des personnes civiles.

PREMIÈRE PARTIE

DE LA PERSONNALITÉ CIVILE EN GÉNÉRAL.

CHAPITRE PREMIER

GÉNÉRALITÉS

§ I. — *Définition et caractère indépendant de la personne civile.*

A s'en tenir à la lecture du premier livre du Code civil, l'homme paraît être la seule personne reconnue par la loi ; c'est à lui et à la réglementation de ses droits que sont consacrés onze titres successifs. C'est seulement au second et au troisième livre (1) que les textes reconnaissent certains droits sur les biens « à d'autres qu'à des particuliers » (2) et en règlent en certains points l'exercice ; or ces textes sont importants, car si l'on considère que les *personnes* sont les seuls *sujets de droits*, il est naturel de décorer de ce nom l'État, les communes, les établissements publics, qui peuvent être propriétaires, usufruitiers, recevoir une donation, transiger, plaider (3), sauf à être

(1) Et dans nos autres Codes.
(2) C. C. Art. 537, 619.
(3) C. C. 910, 937, 2045. — Pr. 69.

munis d'un représentant pour exercer en fait ces prérogatives.

Quant au silence du premier livre relativement à ces
êtres fictifs, il se comprend à merveille, puisque les titres
dont il se compose ont trait aux droits de famille dont la
force des choses exclut nécessairement les êtres de raison :
les idées de filiation, de majorité, de mariage, appliquées
à un être dépourvu de toute capacité physique ou intellectuelle seraient des non-sens.

La personne civile est donc un être abstrait créé par
une fiction de la loi, et susceptible d'être le sujet de droits
et d'obligations, relatifs aux biens.

Pothier disait déjà excellemment, au titre VII de son
traité des Personnes : « Les corps ou communautés éta-
blis suivant les lois du royaume sont considérés dans
l'État comme tenant lieu de personnes : *veluti personam
sustinent*; car ces corps peuvent, à l'instar des personnes
aliéner, acquérir, posséder des biens, plaider, contracter,
s'obliger, obliger les autres envers eux. »

La conséquence de la personnalité dans l'ordre physique,
c'est l'indépendance absolue de l'individu, et sa séparation complète de tout ce qui n'est pas lui : c'est son unité
d'existence. Or il en est de même dans l'ordre juridique ;
l'être moral a une individualité propre, dictincte de celle
des personnes qui le composent, et une capacité personnelle sur laquelle n'influe ni la capacité ni l'incapacité
respective des individus qui vivent dans son sein.

Les résultats de cette situation sont aujourd'hui ce qu'ils
étaient à Rome ; on ne saurait mieux faire que de repro-
duire à ce sujet une page de Pothier, qui relie à la théorie
du Digeste les principes du droit moderne : « Les choses
qui appartiennent à un corps, n'appartiennent aucunement

pour aucune part à chacun des particuliers dont le corps est composé ; et en cela, la chose appartenante à un corps, *res universitatis*, est très-différente d'une chose qui serait commune entre plusieurs particuliers, pour la part que chacun a en la communauté qui est entre eux.... Ce qui est dû à un corps n'est dû aucunement à aucun des particuliers, dont le corps est composé : *si quid universitati debetur, singulis non debetur*. Le créancier de ce corps ne peut donc point exiger de chacun des particuliers de ce corps ce qui lui est dû par le corps, etc... » C'est en somme la paraphrase de la formule « Universitas distat a singulis. »

La personnalité civile appartenant sans conteste à divers établissements publics, et nos lois ne contenant à cet égard aucune théorie d'ensemble, le travail de l'interprète se complique ; à l'analyse des dispositions spéciales à telle ou telle personne civile, doit succéder un procédé de généralisation, dans les cas où l'analogie des situations autorise l'extension à toutes les personnes civiles d'une règle spécialement posée pour l'une d'elles (1).

Il sera intéressant et fructueux, en l'absence de lois, de faire de fréquents emprunts à la jurisprudence du conseil d'État, aux circulaires ministériels, etc.... On trouvera souvent la confirmation ou le point de départ de nos théories dans ces documents qui reflètent si directe-

----

(1) Ainsi les établissements d'utilité publique seront-ils soumis pour plaider à l'autorisation du conseil de préfecture, que doivent obtenir les établissements publics? — L'hypothèque légale de l'art. 2121 peut-elle être invoquée par les établissements d'utilité publique? — Etendra-t-on à toutes les personnes civiles la théorie de l'acceptation provisoire des donations?

La solution de ces questions trouvera sa place dans la troisième partie de cette thèse.

memt les idées en cours dans les hautes sphères officielles
et administratives.

§ II. — *Utilité de la personnalité civile.*

Du jour où l'homme a conçu l'idée d'exécuter un travail
au-dessus de ses forces individuelles, il a cherché un
appui dans son semblable ; et, les mêmes intérêts se ráp-
prochant instinctivement, l'association fut créée : c'est
dire qu'elle est vieille comme le monde. Mais avec le
progrès des idées, cette réunion, rudimentaire dans son
principe, eut besoin de se constituer sur une base plus
solide, en dégageant des liens d'une communauté souvent
gênante, son fonctionnement régulier et le libre jeu de
son activité.

Dans l'état actuel de la législation, la personnalité civile ne remplit pas le même but et n'a pas la même largeur, appliquée à tous les êtres fictifs auxquels elle est
reconnue ; ou, pour mieux dire, la somme complète des
avantages qu'elle peut procurer n'a pas été dispensée à
tous dans une égale mesure. Il y a en quelque sorte deux
degrés dans l'application d'un même principe, et comme
deux étapes dans le développement d'une idée unique.

Aux sociétés, la concession de la personnalité civile
apporte la simplicité dans leurs moyens d'action, l'unité
dans leur direction et dans la gestion de leurs biens. En
contractant avec une société de commerce, les tiers trou-
veront dans son patrimoine propre une garantie sérieuse
que ne pourront pas leur disputer les créanciers personnels des associés. En outre, grâce à cette personnalité
d'un être abstrait, les voies et moyens pour passer un
contrat, obtenir l'exécution d'une obligation, présente-

ront une simplicité et une promptitude précieuses à tous égards : relations restreintes uniquement vis-à-vis du représentant légal de l'être juridique; économie de temps et de frais dans les poursuites. Telle est l'étendue de cette personnalité civile; l'association n'est, à vrai dire, qu'un effort collectif qui s'organise.

Mais les fondations et les personnes morales publiques, qui constituent les véritables personnes morales, jouissent en outre d'une autre prérogative considérable, la perpétuité. L'idée qu'elles représentent et qui s'incarne dans leur institution, survit aux vicissitudes dont sont susceptibles les éléments physiques qui l'entourent. La vraie personne civile est un être de raison, purement artificiel, dégagé de toute entrave matérielle, et se perpétuant dans son immuable identité, malgré les altérations qui atteignent la capacité et la vie des individus qui vivent dans son sein. Douée d'une existence absolument indépendante, elle permet à ceux qui l'organisent de concevoir « les longs espoirs et les vastes pensées »; sa nature, purement abstraite, la protége contre la mort naturelle.

La société commerciale n'a pas ce précieux privilége. C'est seulement pendant sa durée qu'elle est revêtue de la personnalité civile; or, cette durée est nécessairement limitée. S'agit-il d'une société en nom collectif, la personnalité s'éteint avec l'association qui lui sert de base; or, constituée en considération des qualités de ses membres, elle disparaît quand disparaît l'un d'eux, ou quand la faillite, l'interdiction ou la déconfiture ont jeté sur lui la méfiance et le discrédit.

Jamais l'individualité de la société ne se distingue complètement de celle des associés; et cette subordination lie à l'existence de ceux-ci l'existence de celle-là. Cela est manifeste dans les sociétés par intérêts, et cela reste vrai même dans les sociétés par actions. De deux choses l'une en effet : ou bien les statuts fixeront un terme à sa durée qui se trouvera limitée de prime abord, à moins qu'un « écrit revêtu des mêmes formes que le contrat de société » n'en contienne la prorogation ; ou bien la durée de son existence sera illimitée, et la volonté d'un seul des associés suffira pour la dissoudre, pourvu qu'elle ne soit exprimée ni à contre-temps, ni de mauvaise foi (1).

La personnalité civile des sociétés commerciales ne domine donc pas absolument celle des membres qui les composent : elle suit une ligne parallèle à la leur, sans s'en isoler entièrement ; aussi ne s'étonnera-t-on pas de voir l'Etat abandonner à la volonté des individus la constitution des sociétés commerciales, dont la personnalité ne saurait durer indéfiniment ; on s'expliquera aussi sans peine que les biens communs se partagent, lors de la dissolution, entre les associés pour la plus grande utilité desquels la personnalité civile a été accordée à la société de commerce.

Dans la sphère des intérêts publics, les avantages de la personnalité sont aussi très-sensibles : à combien de difficultés va remédier par exemple la personnalité de la commune ! L'unité de direction dans la gestion des biens communaux protégera les intérêts des générations à venir ; le représentant des intérêts généraux, dont la capacité sera ratifiée par le choix des citoyens ou de l'autorité supérieure, présidera à l'ensemble et aux mille dé-

(1) Code civil, articles 1860, 1869.

tails d'une administration, dont la masse des habitants n'aurait ni le temps, ni le désir, ni l'aptitude nécessaires pour s'occuper. Cette centralisation des droits sur une même tête, et des pouvoirs dans une même main, assure, pour la conduite d'entreprises importantes, pour l'administration réfléchie et impartiale de la charité, une unité de vues qui constitue la condition première du succès.

Enfin, à quoi se réduirait ce qu'on nomme la *fondation*, si la personnalité, et la capacité qui en forme le corollaire, ne lui étaient pas concédées? Comment un bureau de bienfaisance pourra-t-il poursuivre son but, si on lui retire la possibilité de recevoir des donations, source principale de la fortune des établissements de charité?

§ III. — *Divisions des personnes civiles.*

La capacité juridique a été conférée à des êtres moraux divers, quant à leur nature, quant à leur but, quant à l'étendue de la sphère dans laquelle leur activité s'exerce. De là autant de divisions qu'il est possible d'établir entre elles.

I. On a divisé les personnes civiles en *arbitraires* et *nécessaires*. Cette distinction, empruntée à M. de Savigny, est délicate à préciser. Vainement affirmera-t-on d'une part que l'État a une existence nécessaire, venant de Dieu comme celle des individus : on répondra que le droit des gens positif n'admet les États comme membres de la famille humaine, que si un traité les reconnaît. Vainement dira-t-on que l'institution des communes remonte aux temps les plus lointains ; on répondra que la tradition ne fait pas la nécessité. — D'autres voudront étendre le titre de personne nécessaire à tous les établis-

sements créés directement ou indirectement par l'Etat.
On le voit, rien n'est plus vague.

II. Quant à leur nature, on distingue la corporation
de la fondation. Une différence essentielle les sépare : la
première suppose nécessairement l'existence d'une réunion d'individus; la seconde, plus idéale, s'il est possible, existe sans qu'il soit nécessaire de faire intervenir
le moindre élément matériel.

On donne le nom générique de *corporation* à l'être juridique dont l'existence domine celle de plusieurs individus
sans lesquels il ne se comprendrait pas, et qui résiste
avec sa personnalité immuable, aux variations et aux
changements qui peuvent altérer sans cesse la composition de ses membres. L'Etat, le département, la commune, la congrégation religieuse autorisée, les associations amicales, scientifiques ou littéraires, rentrent sous
la dénomination de corporations.

La *fondation*, au contraire, est la personnification d'une
idée abstraite, d'un but poursuivi dont la réalisation implique sans doute l'intervention d'individus qui en sont
les instruments, mais qui, pour exister en tant que personne civile, se suffit à elle-même. Ainsi, un établissement de bienfaisance, un asile, un hôpital, une œuvre
pour l'encouragement des arts, des lettres, sont des personnes morales. « La personne morale, dit M. de Savigny,
est une abstraction personnifiée. »

III. Quant à leur but, on fait des personnes civiles plusieurs classifications.

Les unes, *commerciales*, ont pour objet de faciliter l'entreprise d'un travail, l'exploitation d'une industrie, et
d'augmenter les bénéfices par la stabilité qu'offre la
personnalité civile. On verra, au cours de cette étude,

plusieurs traits spéciaux par lesquels ces personnes morales se distinguent pratiquement, notamment au point de vue de leur création et des effets de leur dissolution. — Les autres, *civiles*, comprendront les établissements publics destinés à propager l'instruction, à répandre la charité, etc.

L'expression *civil*, prise dans une autre acception, s'opposera à l'expression *religieux* : ces deux termes indiquent, sans qu'il soit besoin de commentaires, quelles personnes rentreront sous l'une ou l'autre de ces rubriques.

IV. Enfin, une distinction capitale, et qui comprend celles que nous venons d'énumérer, établit une antithèse entre les personnes civiles *publiques* et les personnes civiles *privées*. Celles-ci contiennent les sociétés commerciales, et les sociétés civiles auxquelles la personnalité a été expressément accordée ; les autres, au contraire, sont très-nombreuses, comprenant depuis l'Etat jusqu'aux moindres établissements dits d'utilité publique, qu'un décret d'autorisation rattache plus ou moins directement à l'organisation générale de l'administration.

Il serait superflu d'insister sur ces diverses classifications qui toutes ont leur intérêt. Disons seulement que nous adopterons la dernière, dans l'énumération des personnes civiles, qui fera le sujet de notre seconde partie.

CHAPITRE II.

CRÉATION DES PERSONNES CIVILES.

§ I. — *Création et modification de la personne civile.*
Intervention de l'Etat.

Dix personnes qui, d'un commun accord, se réunissent pour jeter les bases d'une association, font un acte parfaitement licite; l'homme qui, désireux de soulager des infortunes, élève à ses frais un hospice, un asile, agit légalement.

Mais la congrégation, dès qu'elle sera fondée, l'hospice, dès qu'il sera organisé, vont-ils, par cela seul, vivre comme personnes civiles distinctes des associés, du fondateur qui les ont constitués ? Il est impossible de l'admettre. Qu'on personnifie une idée grande ou utile, de manière à en assurer la propagande ou l'extension, rien de mieux; mais que le premier venu puisse à sa guise donner l'éternité à ses erreurs et aux rêves de son imagination , c'est inadmissible. Les fantaisies de l'homme, *ægri somnia,* doivent mourir et s'éteindre avec lui; seules ses grandes pensées se perpétuent en passant dans le domaine commun, et méritent de vivre d'une vie propre. Qui donc sera juge en la question, sinon l'Etat, souverain appréciateur de ce qui intéresse la masse des citoyens ? — Non, l'érection d'une institution au rang des personnes civiles ne peut pas être abandonnée au bon plaisir des individus; sans cela, le simple citoyen deviendrait législateur, et son omnipotence n'aurait d'autres mesures que la limite de sa fortune ou le gré de ses caprices.

De plus, comment ces personnes seraient-elles connues, si elles pouvaient résulter de la seule volonté de l'homme ? Nul ne soupçonnerait ces individualités particulières : de là des méprises et des fraudes. Sans doute, les membres d'une société de commerce peuvent créer la personne civile sans le concours de l'Etat ; mais c'est que les fraudes sont prévenues au moyen d'un système complet de publicité (1), et que d'ailleurs l'Etat n'a pas à se préoccuper, outre mesure, de ces êtres fictifs dont la personnalité ne se dégage jamais complètement de celle des associés. Tôt ou tard la société commerciale disparaîtra : la destinée naturelle de la véritable personne morale est au contraire la perpétuité que son indépendance lui assure ; cette perpétuité est un danger dont l'intervention préalable de l'Etat atténuera les conséquences (2).

Enfin, la concentration aux mains des personnes civiles de propriétés qui sortiraient immédiatement du commerce, offre des inconvénients trop évidents pour qu'un individu quelconque les puisse susciter à son gré.

Un contrôle supérieur est donc indispensable ; une sage législation ne devrait pas s'écarter de cette règle fonda-

(1) L. 24 juillet 1867.

(2) « L'usage des communautés est de pourvoir par le concours et le secours de plusieurs personnes, à quelque bien utile au public... Ce qui fait qu'elles sont perpétuelles et qu'on les distingue des sociétés dont il a été traité dans le titre de la société des *Lois civiles*; car celles-ci ne se forment que pour des intérêts particuliers, sans nécessité de la permission du prince, et seulement pour un certain temps, ou au plus pour la vie des associés. » Domat, Dr. public, l. I, t. XV, sect. I, § 1, 3.

mentale relative à la création des personnes civiles. Elle a d'ailleurs pour elle une imposante tradition ; on sait quel souci la loi romaine prenait de la création des personnes morales, et comment elle supprimait celles qui devenaient nuisibles ou dangereuses : la naissance et la mort des personnes civiles étaient dans la main de l'Etat.

Notre ancien droit a maintenu cette doctrine, et c'est encore le principe moderne, qu'aucun texte ne consacre d'une façon générale, mais dont plusieurs lois font l'application. L'article 4 du décret du 3 messidor an XII est ainsi conçu : « Aucune agrégation ou association d'hommes 'ou de femmes ne pourra se former à l'avenir sous prétexte de religion, à moins qu'elle n'ait été formellement autorisée par un décret impérial, sur le vu des statuts et règlements selon lesquels on se proposerait de vivre dans cette agrégation ou association » (1).

Aussi bien, indépendamment des considérations d'utilité publique et de sécurité générale, on arrive, par la nature même des choses, à constater l'impossibilité pour les simples particuliers de conférer l'existence juridique à des êtres de pure abstraction. Il est interdit à l'homme de faire de rien quelque chose ; et cette éternelle vérité reçoit ici son application aussi bien que dans le monde physique. Comment la volonté privée, qui ne peut pas augmenter la capacité de droit d'un être déjà existant, pourrait-elle créer d'ensemble une personne avec l'aptitude aux droits ? L'homme, en un mot, ne crée pas : or, c'est créer que de jeter sur la scène juridique un être qui, tout à l'heure, était le néant. — A ce point de vue, nous arrivons au même résultat : d'une part, l'impuis-

(1) Voir aussi la loi du 24 mai 1825.

sance de l'individu pris comme particulier; et, d'autre
part, le droit de l'Etat. Source du droit positif, l'Etat dis-
pense la capacité juridique avec la toute-puissance qui
appartient au souverain, et avec les précautions que
l'ordre public lui impose; lui seul peut faire de rien une
personne, créer un être juridique.

Le terme *créer* paraît plus juste que le mot *autoriser*;
c'est ce dernier qu'emploient cependant les textes législatifs dont la terminologie, en cette matière, est décidé-
ment incomplète et inexacte. L'idée contenue dans l'autorisation, c'est l'approbation d'un fait, c'est l'adhésion
donnée à un projet, et le complément d'une œuvre ina-
chevée; or, tel n'est pas ici le rôle de l'Etat; il ne complète pas, il crée.

Dans le cas où un groupe de particuliers soumet, par
exemple, au contrôle de l'Etat les statuts d'une congrégation religieuse, on comprend qu'il y ait un semblant
de vérité à dire que l'intervention favorable de l'Etat
consiste dans un acte d'autorisation. Ce point de vue ne
serait cependant pas exact. On ne doit pas dire que l'E-
tat permet à des particuliers d'investir de la capacité
juridique un être idéal de leur choix; mais c'est lui qui
par sa toute-puissance revêt de l'aptitude aux droits une
personne qui, avant cette concession, n'était rien, et qui
ne pouvait rien être sans elle.

Il est une autre série de cas dans lesquels aucune mé-
prise ne saurait avoir lieu, où l'idée d'une autorisation
ne peut pas trouver place, où l'on constate, en un mot,
un pouvoir véritablement et spontanément créateur. On
conçoit, en effet, que l'État n'a pas besoin d'être sollicité
par des particuliers pour créer une personne civile; son
initiative personnelle lui suffit pour fonder lui-même un

hospice, par exemple, et pour lui donner la capacité civile. Qu'autorise-t-il dans ce cas ? Rien ; il crée.

Les vues exprimées dans l'acte d'association ou dans le titre de fondation présenté par des particuliers, ne sont pour l'État qu'un exposé de motifs : il s'inspirera, s'il le juge convenable, des idées et du but qui lui sont soumis ; et quoi qu'il décide, il fait acte d'autorité souveraine. S'il refuse la capacité juridique à un hôpital, à une congrégation, il ne lèse le droit de personne ; s'il l'accorde, il fait, par sa propre et unique volonté, sortir du néant un être nouveau (1).

Toutefois, cette puissance excessive de l'État n'est pas sans présenter quelques dangers : l'existence de certaines personnes corporatives aura souvent plus d'un point de contact avec la politique, et il est permis de craindre que la passion, inséparable de celle-ci, ne réagisse sur celles-là d'une façon regrettable. Mais, si des influences fâcheuses sont à redouter, le pouvoir absolu de l'Etat relativement à la création des personnes civiles nous paraît indiscutable en principe.

Il est modéré par deux garanties qui ont une certaine valeur. D'une part, l'examen des statuts projetés ou du règlement arrêté pour la constitution et l'organisation d'une congrégation ou d'un bureau de bienfaisance, appellera les soins et l'attention des autorités chargées de préparer le décret d'autorisation (2).

D'autre part, des deux idées qui ont servi à fonder le

(1) L'autorisation de l'Etat peut être donnée à terme ou sous condition ; si ces modalités ne sont pas exprimées, elle est réputée pure et simple. D'ailleurs l'Etat peut faire disparaître la personne civile quand il veut.

(2) V. le décret du 3 mess. an XII, p. 150.

pouvoir de l'Etat, c'est-à-dire sa toute-puissance créatrice et l'utilité générale, la seconde vient limiter la première : le bien public apporte en pratique un correctif à une souveraineté que rien ne restreint en théorie. L'utilité générale est une pierre de touche à laquelle l'Etat soumettra les projets des simples particuliers et les siens : contrôleur des vues privées, il se limitera lui-même dans les bornes qu'il impose aux tiers. Il devra refuser le titre et les droits de personne civile à qui ne lui offrira pas les garanties de moralité ou d'utilité suffisantes : il sera juge absolu en la cause, sans que personne puisse faire prévaloir une opinion contraire, ou invoquer contre sa décision un droit acquis.

Vainement, le fondateur d'un établissement de bienfaisance prétendrait-il que ses projets sont tout désintéressés, et dirigés vers un but essentiellement moral et charitable : vainement alléguerait-il que des institutions semblables existent à l'étranger ou dans le pays même où il veut en établir une ; si l'Etat pense que pour ne pas entraver la distribution de la charité, il importe de n'en pas compliquer les rouages par la création de nouveaux établissements, le fondateur devra s'incliner devant la commune utilité.

Nous repoussons donc *à priori* les théories qui invoquent la liberté de la charité pour fonder des établissements de bienfaisance jouissant des droits privés. Le pouvoir suprême intervient nécessairement dans ces questions intéressant au plus haut point la sécurité générale, et l'Etat ne peut pas être contraint de tolérer telle corporation, telle fondation, parce qu'il a plu aux fondateurs de la décorer du nom de personne civile. Domat est très-explicite en ce sens : « Comme il est de l'ordre et de la police d'un Etat, que non-seulement les crimes, mais tout ce qui peut troubler la tranquillité publique ou la mettre en péril, y soit réprimé, et que par cette raison toutes assemblées de plusieurs personnes en un corps y soient illicites, à cause du danger de celles qui pourraient avoir pour fin quelque entreprise contre le public ; celles même qui n'ont pour fin que de justes causes ne peuvent se former sans une expresse approbation du souverain sur la connaissance de l'utilité qui peut s'y trouver. Ce qui rend nécessaire l'usage des permissions d'établir des corps et communautés ecclésiastiques ou laïques, régulières, séculières, et de toute autre sorte, chapitres, universités, colléges, monastères, hôpitaux, corps de métiers, confréries, maisons de ville ou d'autres lieux, et toutes autres qui rassemblent diverses personnes pour quelque usage que ce puisse être. Et il n'y a que le souverain qui puisse donner ces permissions, et approuver les corps et communautés à qui le droit de s'assembler puisse être accordé » (1).

Si un droit acquis pouvait être invoqué en cette matière, l'intervention de l'Etat se réduirait à une simple reconnaissance : ce serait moins encore qu'une autorisation ; or, nous nous sommes appliqués à écarter l'idée d'une autorisation véritable.

Ces développements appellent un autre ordre d'idées sur lequel il importe de s'expliquer pour éviter toute confusion. Sans doute, la volonté de l'Etat est un élément essentiel à la naissance d'une personne civile ; mais, parfois, elle se sera manifestée antérieurement aux faits qui motivent et aux circonstances qui précèdent ou accom-

______

(1) Domat. Droit public, liv. I, tit. II, § XIV.

pagnent la formation du nouvel être juridique; en un mot, l'autorisation, le plus souvent spéciale et concomitante à la naissance de tel être moral, peut être également préexistante et sous-entendue.

C'est ainsi que la personnalité des sociétés de commerce, de finance et d'industrie est reconnue par la loi; car la disposition de l'article 529 du Code civil est une conséquence de cette personnalité, et cependant le Code de commerce ne parle pas d'une autorisation de l'Etat. La loi du 24 juillet 1867 a étendu cette théorie aux sociétés anonymes qui ne participaient pas de ce privilége sous l'empire du Code de commerce (1), et a remplacé l'intervention de l'Etat par un ensemble de règles propres à concilier et à sauvegarder tous les intérêts (2).

On peut regarder cette latitude laissée aux sociétés commerciales, comme la conséquence d'une approbation générale et permanente, antérieurement émanée de l'autorité souveraine. Mais, en dernière analyse, c'est comme si l'Etat leur laissait carte blanche, ne redoutant pas la multiplication de ces êtres fictifs dont l'existence est temporaire; le titre et les droits de personne civile sont offerts à toute société de commerce, de finance ou d'industrie qui se soumettra, lors de sa formation, aux règles du droit commun indispensables à son existence; de sorte, qu'en réalité, il dépendra des associés de constituer une personne morale.

(1) C., co, art. 37.
(2) Toutefois la loi de 1867 n'a pas absolument ce caractère de généralité. L'art. 66 dit en effet : « Les associations de la nature des tontines et les sociétés d'assurances sur la vie, mutuelles ou à primes, restent soumises à l'autorisation et à la surveillance du gouvernement. »

Nous n'osons pas ajouter avec quelques interprètes que certaines personnes civiles, tenant intimement à l'organisation générale de l'administration, sont nées sans une intervention de l'État. Les hommes ayant vécu en société avant qu'il y eût un Etat et une commune, l'Etat et la commune ne sont pas nés : ils ont été créés. Tout ce qu'on peut dire, c'est qu'ils existent depuis fort longtemps comme personnes civiles, avec la capacité d'être propriétaires, créanciers et débiteurs ; et que vu l'impossibilité de produire l'acte qui leur a octroyé la personnalité, leur création n'a vraisemblablement souffert aucune difficulté. On doit se hâter d'ajouter qu'aujourd'hui la création d'une commune nécessite l'intervention d'un pouvoir supérieur. Quant à la personnalité du département, loin d'avoir été reconnue sans conteste, elle n'a été admise que récemment, et avec une hésitation évidente.

L'intervention normale de l'Etat se manifeste par un acte formel et exprès donnant naissance soit à une seule personne individuellement déterminée, soit à tout une classe de personnes civiles. Cet acte est une loi ou un décret.

La loi du 24 mai 1825 sur les congrégations et communautés religieuses de femmes, mentionne ces deux actes. L'article 2 dit, en effet, qu'après la vérification et l'enregistrement de leurs statuts en conseil d'Etat « l'autorisation sera accordée par une loi à celles de ces congrégations qui n'existaient pas au 1er janvier 1825. A l'égard de celles de ces congrégations qui existaient antérieurement au 1er janvier 1825, l'autorisation sera accordée par une ordonnance du roi. » Le décret du 31 janvier 1852, art. 1er, est venu ajouter un certain nombre de cas dans lesquels un simple décret en

conseil d'Etat suffit ; par exemple celui où des communautés de femmes déclareraient « adopter, quelle que soit
l'époque de leur fondation, des statuts déjà vérifiés et
enregistrés au conseil d'Etat et approuvés pour d'autres
communautés religieuses. » — C'est un décret rendu en
conseil d'Etat qui donne à tel ou tel établissement le caractère d'*utilité publique* (1).

La formation d'une nouvelle commune ne peut être
réalisée que par une loi, quand elle apporte quelque
modification à la composition d'un département, d'un
arrondissement, ou d'un canton, ou quand l'avis du
conseil général est contraire au changement projeté
dans un même canton. Il suffit d'un décret en conseil
d'Etat lorsque l'avis du conseil général est favorable, mais
que les conseils municipaux sont d'un avis contraire.
Enfin, si conseil général et conseils municipaux sont tous
favorables, il suffisait d'un arrêté du préfet (2) ; mais
depuis la loi du 10 août 1871 (art. 46, § 26), le conseil
général statue définitivement dans ce cas.

Ce ne sont là que des exemples pris au hasard dans
les monuments législatifs : tout ce que nous voulons en
tirer pour le moment, c'est que notre législation, se conformant aux principes rationnels consacrés par la tradition, fait de la volonté de l'Etat la base et le principe
de la création des personnes civiles. On peut ajouter
qu'il est regrettable que cette théorie n'ait pas été nettement dégagée, ni mise en évidence dans l'un des Codes.

A cette condition primordiale, l'intervention de l'Etat,

(1) Cela n'est pas absolu : car plusieurs établissements d'utilité
publique, comme diverses congrégations religieuses, ne peuvent
avoir d'existence légale qu'en vertu d'une loi.

(2) L. 24 juillet 1867, art. 13.

doit-on en ajouter d'autres? Après les explications qui précèdent, la réponse affirmative ne saurait être douteuse. La création d'une personne civile serait injustifiable, si elle ne répondait pas à un besoin vivement senti, si elle ne servait pas de moyen pour atteindre avec plus d'efficacité et de promptitude, un résultat sérieux et d'une utilité reconnue. Que l'idée dirigeante ait été conçue par un simple particulier, ou que l'utilité de telle ou telle création ait frappé d'abord l'esprit du législateur, il n'importe, pourvu que la personnalité juridique soit concédée en vue d'un but précis et déterminé. Voilà donc un nouvel élément de la création des personnes civiles : ce sera, par exemple, chez un fondateur, le dessein de secourir des malades dans un établissement hospitalier ; ce sera, chez l'État, le projet de démembrer en plusieurs une commune trop étendue. En somme, d'où qu'elle émane, la volonté de constituer une personne civile doit se produire catégoriquement, pour que l'acte d'autorisation trouve, en quelque sorte, un germe à féconder.

Donc, détermination précise d'un but à atteindre, et manifestation de la volonté de l'Etat, sont les deux éléments essentiels à la création de toute personne civile. Ce sont même, semble-t-il, les deux seules conditions nécessaires. Il serait superflu d'exiger, en outre, un élément plus matériel comme point d'appui de la personnalité civile. Qu'une personne sollicite de l'Etat la concession de l'aptitude juridique au profit d'un hospice qu'elle se propose de fonder, l'Etat devra-t-il, en dépit d'une utilité reconnue, subordonner son autorisation à l'érection de l'édifice, à la confection d'une liste d'administrateurs, ou à la réunion d'un certain nombre de

malades à secourir? Cette observation soutient difficilement l'examen : la personnalité n'est attachée ni au
conseil d'administration, ni à la collection des malades,
mais à l'idée abstraite que le fondateur soumet à l'approbation de l'Etat.

Le même raisonnement s'applique aux corporations :
la personne civile constituant un être essentiellement distinct des individus qui la composent, n'a pas besoin de
leur réunion préalable pour être créée. Au reste, l'Etat
pouvant à son gré, sans autre guide que l'intérêt général,
donner l'être à une personne juridique, ne saurait être
entravé dans sa volonté par l'inaction des particuliers :
qu'il reconnaisse l'utilité d'une *corporation* nouvelle, il
peut de suite l'investir de la capacité; les prérogatives
qui y seront attachées attireront sans doute les citoyens,
désireux de donner à l'exercice de leurs forces réunies
une stabilité et une sécurité dont la décision spontanée
de l'Etat est une caution certaine.

Comme mesure préalable, avons-nous dit, l'Etat se
réserve le droit d'examiner l'utilité et la moralité du but
poursuivi, de contrôler le projet de statuts et d'organisation. C'est donc à bon escient, et vu les garanties suffisantes contenues dans l'acte présenté, que l'Etat constitue la personne civile.

Dès lors, si l'être juridique légalement représenté,
juge à propos, au cours de son fonctionnement normal,
de modifier les conditions de son existence, il se trouve
dans la nécessité de réclamer à nouveau l'approbation
supérieure. L'addition ou la suppression de telle ou telle
clause pourrait modifier, en effet, sensiblement la phy-
sionomie de l'être moral que l'Etat n'avait entendu intro-
duire dans le monde juridique, que sous la sauvegarde

de tels statuts déterminés, amendés, imposés peut-être par lui.

L'existence de la personne civile se trouvant en somme remise en question, la distinction précédemment établie reparaît entre les sociétés commerciales et les autres personnes civiles. Les sociétés de commerce, maîtresses de se constituer comme êtres moraux, sans être soumises au contrôle de l'Etat, peuvent également modifier leurs statuts : leur liberté à cet égard n'a d'autre restriction que celles posées dans les lois générales précitées (1).

En principe, il ne peut être dérogé à un contrat que si les parties donnent leur consentement unanime; mais comme il serait à peu près impossible, dans une société anonyme, de réunir tous les actionnaires pour obtenir leur consentement simultané, la loi de 1867 s'est écartée de la règle de droit commun. L'article 31 dispose que « les assemblées qui ont à délibérer sur les modifications aux statuts....., ne sont régulièrement constituées et ne délibèrent valablement qu'autant qu'elles sont composées d'un nombre d'actionnaires représentant la moitié au moins du capital social. »

§ II. — *Sanction de l'autorité législative. Quel est le signe distinctif de la personne civile.*

Après avoir insisté sur la nécessité de l'intervention de l'État dans la création des personnes civiles, on est naturellement amené à la question suivante : quelle est la sanction de cette autorisation législative ?

De deux choses l'une : La corporation que, pour un

____

(1) L. 1867, art. 3.

motif ou pour un autre, l'État n'a pas revêtue de la personnalité civile, puise-t-elle dans nos lois constitutionnelles ou dans une autorisation spéciale, le droit d'exister en tant que simple association, ce titre indique la
mesure de ses droits. Elle ne pourra pas figurer comme
individualité particulière dans un procès, dans un acte
de donation ; mais son existence comme société privée
ne sera pas contestée. Tous les associés confieront à l'un
d'eux ou à un tiers l'administration des affaires communes ; mais ce gérant n'aura pas, comme le représentant d'une personne civile, ce caractère particulier qui
tient de la tutelle ; il n'y a, en effet que des intérêts communs à diriger, il n'y a point d'incapable à représenter.
Le sujet des droits sera l'ensemble des individus associés, mais non pas une personne civile distincte et indépendante.

Que si, au contraire, une agglomération de personnes
physiques est telle que non-seulement la personnalité
civile lui manque, mais encore que le droit de composer
une association ordinaire et privée lui ait été refusé, il
est évident que les seuls sujets de droits seront ses membres pris séparément avec leur capacité respective.
C'est ainsi que les hommes affiliés à une congrégation
religieuse peuvent être personnellement capables de
droits, bien que les congrégations religieuses, depuis
les lois du 13 février 1790, 18 août 1792, et décret du
3 messidor an XII, aient perdu le droit de se produire
d'une façon légale, non-seulement comme personnes
civiles, mais encore comme simples associations. En
conséquence, les intéressés seraient admis à faire annuler les libéralités qu'elles auraient reçues soit directement
soit par personnes interposées, et les engagements

qu'elles auraient contractés en se présentant soit comme personnes civiles reconnues, soit comme simples sociétés privées. De nombreux arrêts ont admis cette doctrine.

Peut-être qu'en bonne législation, il suffirait de refuser à ces associations la personnalité civile, en leur permettant de se constituer en fait à leur guise ; elles auraient à se débattre dans les entraves multiples de la communauté ordinaire, dont les difficultés augmenteraient en proportion du nombre des associés. Tel n'est pas le système admis par la loi française : la convention (décembre 1792) prohibe même le nom des congrégations, et le décret du 3 messidor an XII, après avoir disposé : « Article 1 .... seront dissoutes toutes autres agrégations ou associations formées sous prétexte de religion et non autorisées ; » ajoute : « Article 2. Les ecclésiastiques composant lesdites agrégations ou associations se retireront sous le plus bref délai, dans leurs diocèses, pour y vivre conformément aux lois et sous la juridiction de l'ordinaire. »

Ce système de répression à outrance s'explique par le sentiment mêlé de haine et de crainte qu'inspiraient les anciennes communautés religieuses ; mais il eût été d'un bon législateur de reconnaître que le véritable danger ne résidait pas dans la réunion de fait de plusieurs personnes, mais dans la personnalité de l'être moral vivant sous ces associations, et dont la nature immatérielle assurait la quasi-éternité. Cette confusion entre deux ordres d'idées bien différents, la personnalité civile et le droit d'association, a exercé une influence dont on retrouve les traces dans l'article 291 du Code pénal.

Il en résulte que ces nombreuses associations religieuses qui n'ont pas obtenu l'autorisation de l'Etat, ne subsistent que par une pure tolérance ; d'un trait de plume leur dispersion peut être ordonnée : une loi est inutile, une simple décision administrative suffirait.

Quoi qu'il en soit, que des individus se réunissent en fait sans aucun assentiment de l'État, ou qu'ils obtiennent simplement le droit de se réunir, il ne se formera dans les deux cas rien qui ressemble à la personne juridique, distincte de ses membres et seule maîtresse de ses propriétés.

L'autorisation supérieure étant une condition *sine qua non* de l'association licite, et de la création des personnes civiles, il devient délicat de reconnaître si telle réunion d'individus autorisée constitue une simple association, ou sert de base à une personne morale. En élargissant les termes de la question, on peut la formuler ainsi : à quel signe distinctif reconnaîtra-t-on une personne civile ?

On indiquera bientôt que la personne civile est un être fictif créé pour agir uniquement dans la sphère du droit privé ; c'est donc là qu'il faut rechercher le trait particulier qui la sépare des autres institutions analogues. En outre, il serait faux de voir dans une réunion d'individus la base première de l'être juridique, puisque les fondations consistent dans la personnification d'un but à atteindre; par conséquent, on ne saurait mettre dans les conditions nécessaires à l'existence des associations le caractère distinctif des personnes morales; il ne serait pas assez général, ne convenant pas à toutes.

L'autorisation de l'Etat, *criterium* déjà plus juste, présente le même inconvénient : elle n'est pas en effet nécessaire à la création des sociétés de commerce, dont la liberté, depuis la loi de 1867, est à peu près complète.

Objectera-t-on que cette latitude d'action est le résultat d'une autorisation tacite et générale, que la fréquence des opérations commerciales empêche d'accorder spécialement à chaque société? On peut répondre qu'il serait hasardeux de prendre l'autorisation pour *criterium*, si l'on songe que les législateurs successifs ont confondu souvent le droit d'association avec la personnalité civile, et pensent qu'en autorisant la constitution d'une association, ils lui concèdent par là même la personnalité.

Devra-t-on envisager la perpétuité apparente que créent le changement et le va-et-vient continuel des membres qui disparaissent pour être remplacés par d'autres? Ce serait encore insuffisant; car cela ne s'applique ni aux fondations, ni même à toutes les associations, puisque la société en nom collectif se dissout par la mort d'un quelconque de ses membres.

Faudra-t-il s'attacher uniquement à la permanence du but poursuivi par la personne civile? Nous ne le pensons pas, puisqu'un grand nombre d'associations se fondent pour confectionner un travail parfois restreint dans sa durée, pour exploiter une industrie dont le fonctionnement n'est pas perpétuel, ou pour procéder à des améliorations agricoles dont l'achèvement indiquera le terme de la société.

Où donc chercher ce qui caractérise rigoureusement la personne civile? Le droit romain l'indique déjà : le propre d'une personne civile, écrit Gaius, c'est « habere res communes, arcam communem, et actorem sive syndicum »(1). Là est la vérité : l'être moral a un droit absolu,

(1) L. 1, § 1, D. III, 4.

exclusif et perpétuel sur un patrimoine, absolument étranger à tout autre patrimoine, et est muni d'un représentant chargé de faire respecter ses droits, et d'exécuter ses obligations (1). Cette capacité de droit et ce système de représentation sur lesquels il devient, dès lors, indispensable de s'expliquer longuement, sont les traits caractéristiques de la personne civile.

Voilà ce qui la sépare bien nettement : 1° de la simple *association*, dont nous avons déjà dit quelques mots, et qui ne constitue qu'une juxtaposition de personnes et de droits, mais non pas un ensemble distinct et indépendant, dominant les intérêts de chacun des membres ; 2° de la *communauté* qui implique, il est vrai, la création d'un nouveau patrimoine, ou pour mieux dire, d'une nouvelle manière d'être de la propriété, mais qui laisse subsister sur lui un droit indivis, au profit de chacun des copropriétaires, au lieu de placer ce patrimoine en dehors de leurs atteintes, et sur la tête d'un être distinct ; enfin, 3° de la simple *réunion*, dont l'existence, presque toujours temporaire, exclut la garantie qu'offre la stabilité de la personne civile.

Ce *criterium* est si exact, que la personnalité civile du département fut contestée jusqu'en 1838 ; et cependant le département avait un budget, et certaines propriétés lui avaient été concédées par le décret de 1811. Il a fallu néanmoins que la loi du 10 mai 1838 tranchât la question, en déterminant comment le département pourrait acquérir ou aliéner, en lui accordant le droit de recevoir des dons et legs, et d'ajouter de nouvelles propriétés à celles qu'il possédait déjà.

(1) Voir Pothier. Traité des personnes, tit. VII.

On pourra donc affirmer que la personnalité civile appartient à ces êtres fictifs, que la loi, en raison du but important qu'ils poursuivent, revêt d'une entière capacité juridique. L'un des textes les plus expressifs est celui qui crée et organise les associations syndicales : « Elles peuvent ester en justice par leurs syndics, acquérir, vendre, échanger, transiger, emprunter et hypothéquer » (1).

Malheureusement, les dispositions législatives ne disent jamais : « La personnalité civile est concédée à·tel établissement ; en conséquence, il peut acquérir, etc... » Mais il existe des documents d'une haute portée, dont l'analyse fournira à notre conclusion un appui d'une précieuse valeur. Qu'il suffise de citer un avis du Conseil d'Etat, des 29 avril, 7 et 13 mai 1874 ; il se prononce contre une jurisprudence tendant à faire admettre que les diocèses « ne constituent pas des personnes civiles capables de posséder, d'acquérir et de recevoir. » La liaison de ces deux idées est frappante. La lecture de ce document et des textes nombreux auxquels il renvoie, établit d'une manière indiscutable, que la personnalité civile et la capacité d'être propriétaire se tiennent intimement, et que c'est à l'existence de celle-ci qu'on reconnaît la concession de celle-là.

____

(1) L. 21 juin 1865, art. 3.

CHAPITRE III

CAPACITÉ DES PERSONNES CIVILES

§ I. — *Capacité générale des personnes civiles.*

Que l'intervention favorable de l'Etat soit qualifiée d'autorisation ou de création, elle a toujours pour résultat de concéder à la corporation ou à la fondation la *personnalité civile*. Il importe maintenant de se fixer sur la portée de ces mots, et d'en établir l'étendue exacte. La question se réduit à chercher si l'Etat crée une véritable personne, capable en principe de tous les droits civils, et assimilée au point de vue juridique aux personnes réelles ; ou bien, s'il accorde simplement à une individualité idéale une aptitude restreinte à certains droits, limitativement déterminés dans les codes.

La question est d'un intérêt considérable, et sa solution fertile en conséquences importantes. Admet-on que l'Etat donne vraiment la vie à une personne nouvelle, celle-ci pourra, s'il est nécessaire, exercer ses droits à l'étranger, en vertu des règles du statut personnel ; elle pourra invoquer et exercer dans leur plénitude, comme lui étant tacitement concédés, tous les droits qu'un texte spécial n'aura pas totalement écartés ou restreints à son égard.

C'est à cette théorie libérale que nous nous sommes arrêtés. Mais avant d'entrer dans la discussion de la doctrine opposée, et d'établir par l'argumentation celle que nous adoptons, il est bon de placer deux observations préliminaires.

Piébourg.   11

I. — L'idée de personne civile est liée à l'idée de droit privé ; c'est dans cette sphère que se meut son activité. Une unité administrative, bien que constituée par l'Etat, n'est pas nécessairement une personne civile ; elle a un but spécial à remplir, but constitutionnel, pour l'accomplissement duquel l'aptitude aux droits civils n'est pas indispensable. Qui dit collection de personnes agissant dans un même but, ne dit pas forcément création d'une personne morale. D'ailleurs, les institutions de droit public, dont il s'agit ici, ne trouvent pas en elles-mêmes la raison de leur existence ; elles sont créées non pas pour elles, mais pour servir de conseil à une véritable personne civile ; ainsi la commune existe comme personne civile, mais le conseil municipal n'est, à vrai dire, qu'un instrument lui servant à fonctionner ; le conseil général ne vit pas, il fait vivre le département. Toutefois, rien n'empêcherait qu'un acte du pouvoir législatif accordât à un conseil général ou municipal, à un tribunal, le droit de contracter, d'acquérir, d'aliéner, selon les règles du droit privé, en tant qu'être collectif et distinct de ses membres. Ainsi, le sénat constituait, sous le premier empire, une personne civile (1) ; mais on voit de suite que ce corps puisait sa personnalité civile, non pas dans l'unité que lui donnait son caractère public, mais dans la concession spéciale dont il avait été l'objet.

II. — En second lieu, le principe en vertu duquel la personne civile a, sauf une restriction formelle, l'aptitude générale à tous les droits civils, doit nécessairement être

______

(1) Les sénatusconsultes du 14 nivôse an XI et du 8 frimaire an XII traitent en détail des propriétés, baux, recettes, dépenses du Sénat.

entamé dans le cas où la jouissance d'un droit serait incompatible avec la nature même de la personne fictive.

L'exemple le plus manifeste de cette incompatibilité
réside dans les droits de famille ; il est évident, sans qu'il
soit nécessaire d'y insister, que les lois sur le mariage,
sur la paternité et la filiation, et comme conséquence
sur la succession *ab intestat*, sont inapplicables aux fondations ou aux corporations ; la nature même des choses
y répugne. Mais où l'hésitation serait possible, c'est quand
il s'agit de droits de famille artificiels ; on pourrait soutenir que les rapports naissant de l'adoption, sont accessibles aux personnes civiles, rappeler que de nos jours
« adoptio non imitatur naturam » et qu'en conséquence,
rien ne s'oppose à ce que l'Etat, une commune acquière
artificiellement sur une personne réelle ou fictive, les
droits d'un adoptant sur un adopté. Ces conclusions jurent
trop visiblement avec l'ensemble des règles du Code sur
l'adoption, pour que nous y souscrivions : les conditions
multiples dont le titre VIII l'entoure seraient impossibles
à remplir ; il y aurait une série de règles nouvelles à
poser, car celles mêmes qui président à l'adoption privilégiée ne répondraient pas aux exigences d'une situation
aussi exceptionnelle. Les conséquences de l'adoption,
telles que le Code les a organisées, seraient bien diffi-
ciles à appliquer ici ; si la commune qui adopte un citoyen
venait à être supprimée, l'adopté serait-il admis à recueillir ses biens communaux, patrimoniaux ou même publics ?
L'application des articles 350 et 351 paraîtrait bien sca-
breuse. Naturels ou artificiels, les droits de famille ne
sont pas accessibles aux personnes civiles. Il est vrai que
l'Etat a parfois déclaré *adopter* les enfants d'un citoyen
pauvre, mort après avoir rendu des services éminents ;

mais, dans les cas exceptionnels où cela s'est produit, l'Etat n'a jamais eu d'autre but que de subvenir, par des allocations pécuniaires, à l'éducation et à l'entretien de ceux qu'il entendait adopter. C'est, à vrai dire, le service d'une pension, décoré d'un nom plus noble en raison des circonstances qui en ont motivé l'institution.

Pour reconnaître aux personnes civiles le droit d'adopter, on a tiré argument de la tutelle. Mais les relations de tuteur à pupille ne sont pas des relations de famille ; et ce qui est admis d'une part peut très-bien ne pas l'être de l'autre. D'ailleurs, il n'est pas prouvé que ce pouvoir tutélaire, dans le cas où il est admis, appartienne à la personne civile elle-même, dont l'incapacité de fait nécessiterait une délégation aux mains de ses représentants ; il est plus naturel de croire que c'est une charge directement imposée à ceux qui représentent l'être moral. C'est du moins l'idée qui s'offre la première à la lecture des textes de loi relatifs à ce sujet : « Les enfants trouvés et les enfants abandonnés sont sous la tutelle des commissions administratives des hospices, conformément aux règlements existants. Un membre de cette commission est spécialement chargé de cette tutelle » (1). — « Le directeur de l'Assistance publique, à Paris, a la tutelle des enfants trouvés et orphelins, et aussi celle des aliénés (2). » — Ce qui paraît le prouver mieux encore, c'est l'article 5 de la loi du 15 pluviôse an XIII : « Les biens des administrateurs tuteurs ne pourront, à raison de leurs fonctions, être passibles d'aucune hypothèque. » S'ils n'étaient que des délégués, et si l'hospice

(1) L. 19 janvier 1811, art. 15. — L. 15 pluviôse an XIII, art. 1, 4.
(2) L. 10 janvier 1849, art. 3.

était le véritable tuteur, il est probable que la disposition aurait visé spécialement les biens de l'hospice lui-même ; car, c'est sur les biens du véritable tuteur que porte l'hypothèque légale des pupilles.

A côté des droits de famille, d'où la force des choses exclut les personnes civiles, on peut placer les droits politiques. La loi française ne reconnaît pas aux corporations le droit de voter en tant que personnes distinctes de leurs membres (1). S'il en était autrement, le vote de la personne civile serait la résultante des opinions émises, et des votes exprimés au sein de la corporation par les individus qui la composent ; ce serait permettre à un citoyen d'affirmer, indépendamment de son vote personnel, son opinion plusieurs fois, en prenant part au vote intérieur des corporations plus ou moins nombreuses dont il serait membre. Cet état de choses serait en antagonisme complet avec le système du suffrage universel, qui donne à chaque citoyen dans toute question soumise à son appréciation, le droit d'exprimer son opinion par un vote, mais de ne l'exprimer qu'une fois.

Les personnes civiles, dont la capacité est restreinte aux deux points de vue qui précèdent, ne peuvent pas commettre de crimes ni de délits ; mais c'est un point de droit pénal controversé, sur lequel nous insisterons ultérieurement.

Ces observations préliminaires présentées, et acceptées vraisemblablement par tout le monde, venons à la question principe sur la capacité des personnes civiles.

(1) Il en est autrement en Angleterre. Les universités anglaises ont reçu de la loi le droit d'élire un membre au Parlement. Dans ce cas, ce n'est pas la corporation qui élit, ce sont les membres du corps qui sont appelés à voter.

Les partisans d'une doctrine récemment exposée par un jurisconsulte belge (1) , contestent dès le début le droit de se servir de l'expression « personnes civiles » dont l'emploi n'est justifié par aucun texte législatif, et dont l'usage « allumerait chez les établissements de main-morte une ambition sans limites, et un esprit d'envahissement qui menace la société et les individus. » Voilà des termes bien pompeux, s'il ne s'agit ici que d'une question de mots ; et il suffira, pour en faire justice, de demander à ces auteurs de quelles expressions ils entendent se servir : ils restent à ce sujet dans un silence regrettable, ou parlent vaguement «d'institutions établies dans un intérêt général. » On ne saurait proposer cependant de faire rentrer sous le titre d'établissements publics les sociétés de commerce, susceptibles de la plus grande somme de droits privés qui puissent compéter à un être collectif. Donc, à défaut de terme nouveau, il est permis de maintenir celui que la plupart des auteurs emploient sans discussion (2).

Mais cette doctrine vise plus haut, et derrière la question de terminologie, attaque le principe même de la capacité absolue des personnes civiles. Elle peut se résumer ainsi :

Les personnes réelles, par le fait même de leur existence physique, apparaissent comme sujets de droits ; le législateur n'a donc qu'à les reconnaître, à régler l'exer-

---

(1) M. Laurent. Principes de droit civil, t. I.

(2) D'ailleurs ces expressions créées par la science et non par la loi ont trouvé plus d'une fois des approbations tacites dans des documents officiels. Citons notamment l'avis du Conseil d'Etat des 29 avril, 7 et 13 mai 1874 et une circulaire du ministre de l'instruction publique et des cultes en date du 15 mai 1874.

cice de leurs droits dans des textes précis, et à garantir
le libre jeu de leur activité. Les prétendues personnes
civiles au contraire sont du domaine de la fiction, et pour
leur donner une capacité juridique, il faut au préalable,
non plus les reconnaître, mais les créer, les tirer du
néant. Or, c'est ce que n'a fait aucune loi : le livre du
code intitulé *Des Personnes* sollicitait suffisamment par sa
rubrique l'attention du législateur ; et il eût, à n'en pas
douter, consacré un titre ou un chapitre spécial aux
personnes civiles, si elles avaient réellement existé. Ce
silence est significatif, et indique avec une éloquence remarquable le système de la loi. En admettant même qu'il
y ait une lacune au Code, comment expliquer qu'aucun
texte postérieur ne l'ait comblée, en créant une théorie
d'ensemble? Si les établissements publics avaient une capacité de droit absolue, la question valait bien la peine
qu'on en parlât.

Il est vrai que plusieurs articles des divers codes consacrent pour les établissements publics, le droit de recevoir des dons et legs, d'avoir un usufruit, de plaider, etc.
Mais comment procèdent-ils? Avec une prévoyance, une
méthode restrictive qui indique combien peu il était dans
les idées du législateur de couler tout d'une pièce la personnalité civile, et d'accorder à des êtres idéaux une entière capacité. A la lecture de ces textes empreints d'une
juste méfiance pour les établissements de main-morte,
viendra-t-on soutenir encore que ces établissements sont
assimilés en principes aux personnes réelles?

Tout autre est le désir de la loi. Donner aux établissements, dont la puissance est un danger reconnu dès longtemps, juste ce qu'il leur faut de droits pour poursuivre
le but qui leur est assigné, voilà le devoir et la volonté

du législateur (1). Propriété *vinculée*, droit de contracter *vinculé*, voilà la somme de leurs droits : les articles du Code suffisent et contiennent toute la théorie. La destination de chaque établissement public indique la mesure de ses droits. Le département, une société religieuse, ont-ils besoin de faire le commerce pour accomplir leur mission? Répondre négativement, c'est répondre à la fois que ce droit leur est interdit. En somme les êtres fictifs doivent restreindre leur action dans le cercle fixé par la loi; c'est le terme *personne* qui favorise les erreurs des juristes qui pourraient être tentés de revendiquer, pour les corporations, tous les droits dont jouissent les personnes réelles. La vérité est que, tout étant du domaine de la fiction dans les points par lesquels la personne civile se rapproche des personnes physiques, il faut entendre la personnalité civile dans un sens très-restreint, et dire que ce sont des institutions chargées d'un service public, n'ayant ni droits ni obligations, mais des charges; car les mots *droits* et *obligations* ne se conçoivent pas pour des êtres fictifs, par la raison qu'ils ne jouissent point de la liberté ; or, là où il n'y a pas de liberté, il ne peut pas être question d'obligation (2).

Voilà résumé aussi brièvement, mais aussi complètement que possible, le système que l'on peut appeler de la personnalité restreinte. Les raisonnements qui lui servent de base sont sérieusement discutables : si l'on arrive

(1) « Chaque établissement ayant une destination définie et un caractère spécial en vertu desquels il est reconnu et élevé à la personnalité civile, c'est dans la limite de ce caractère et de cette destination qu'il faut restreindre sa capacité juridique. » (Revue critique, année 1873.)

(2) M. Laurent. Tome I, *passim.*

à les réfuter, on sera bien près d'avoir établi l'autre système.

D'abord, peut-on tirer argument du silence du Code,
pour prouver que les rédacteurs, à moins d'un oubli im-
pardonnable, avaient l'idée arrêtée de ne pas reconnaître
de personnes civiles? Ce serait bien scabreux : la réserve
peut-être excessive du Code a son explication naturelle
dans les circonstances qui ont entouré sa confection; et
l'absence d'une théorie d'ensemble sur la personnalité
civile s'explique par l'esprit essentiellement conciliateur
qui animait le législateur de 1804 ; il s'est abstenu, par
un scrupule facile à constater en mainte occasion, de
rappeler même de loin un état de choses si radicalement
condamné douze ans auparavant. C'est dans le détail, et
d'une façon détournée qu'il a abordé la question, sûr de
ne froisser aucune susceptibilité en apportant, dans des
articles épars, des restrictions à une théorie générale et
sous-entendue qu'il n'avait pas osé développer.

C'est ici qu'il faut insister et faire ressortir un système
plus libéral de l'examen et de la discussion des articles
du Code civil.

C'est d'abord l'article 537, dont le second paragraphe,
comparé à l'article 544, indique clairement que les principes sur la propriété sont les mêmes, qu'il s'agisse de la
propriété d'un particulier, ou de celle d'une personne civile : dans les deux cas en effet, on ne peut user ni disposer des biens qu'en se conformant aux lois et règlements.

La différence repose dans le détail des lois spéciales qui ne sauraient être les mêmes pour un simple
citoyen et pour un établissement public. On verra d'ailleurs plus loin que la propriété des personnes civiles n'est

pas « une fonction sociale, » un sujet de charges, mais une véritable source de droits.

C'est l'article 619, ainsi conçu : « L'usufruit qui n'est pas accordé à des particuliers ne dure que trente ans. » Si cette disposition consacrait à elle seule un droit d'usufruit au profit des personnes civiles, elle serait d'une rédaction bien vicieuse (1) ; sa forme négative s'explique au contraire à merveille, si on y voit simplement une correction et une restriction apportées à l'existence d'un droit antérieurement reconnu. L'article 619 ne consacre pas un principe ; il règle une question accessoire.

Tel est aussi l'esprit des importants articles 910 et 937. Leur objet est de trancher un point de détail ; ils indiquent les conditions à remplir pour que la donation adressée à un établissement public produise son effet ; ils prennent donc comme donnée certaine le point de départ suivant : la donation peut être adressée efficacement à une personne morale.

Les articles 1712, 2045, sont encore conçus dans le même esprit; ils renvoient tacitement aux principes qu'ils ne jugent pas nécessaires de poser. Tout ce que le Code a en vue, c'est de faire de la réglementation, d'établir un certain système de contrôle, et de fixer en quelque sorte la procédure à suivre pour exercer les droits dont les personnes civiles sont investies de par des lois antérieures, ou de par une coutume constante.

Bref, nous nous refusons à voir, dans les articles précités, l'expression mal digérée d'une théorie vague et boiteuse, qui ne s'expliquerait qu'en termes négatifs, et ne donnerait aux personnes civiles que des lambeaux de

______

(1) Il faut en dire autant de l'art. 2045 du Code civil.

droits. Il paraît bien que le Code a voulu, pour les raisons que nous avons dites, jouer le simple rôle de correcteur; mais ce rôle implique nécessairement l'existence de quelque chose à amender : ce quelque chose, c'est la capacité générale des personnes civiles.

Deux mots encore sur ce point. Lisons l'article 463, pour en tirer un argument d'analogie. Le tuteur qui représente le mineur dans tous les actes civils (art. 451) n'est admis à accepter une donation pour lui, qu'avec l'autorisation du conseil de famille. Or, tout le monde entend que le mineur, incapable en fait, a une capacité de droit absolue; et que dans le cas de l'article 463, le pouvoir de son représentant est soumis à une mesure spéciale de précaution. — N'est-il pas évident que la même théorie s'applique à l'article 937, conçu dans les mêmes termes que l'article 463, et visant une espèce analogue ? Il est vrai qu'on ne voit pas au Code d'article équivalent à l'article 451 pour les administrateurs des établissements publics; mais on en trouverait vingt dans les diverses lois administratives.

Faut-il aller plus loin, et admettre que cette capacité de droit générale, les personnes civiles peuvent l'invoquer même en dehors du but pour lequel elles ont été spécialement reconnues? Une pareille extension serait assurément fort dangereuse; il suffirait, en effet, à une corporation d'obtenir, par exemple, la personnalité civile en tant qu'établissement de charité, pour qu'elle se lance sans autorisation dans une toute autre voie, fonde des écoles, ou s'institue université libre; une société de secours mutuels autorisée se transformerait à son gré, sans contrôle, en caisse d'épargne, par exemple.... Une telle situation serait inacceptable en fait.

Elle est de plus inadmissible en droit. En effet en transformant sa destination, la personne civile change de nature ; en déviant du but primitif en vue duquel elle a été instituée, elle cesse d'agir sous le contrôle de l'autorité supérieure. Elle doit dès lors, pour fonctionner en tant qu'être moral, obtenir à nouveau l'autorisation de l'État ; car c'est, à parler d'une façon rigoureuse, une nouvelle personne civile qui cherche à se constituer. — Toutefois une personne civile quelconque conserverait ce caractère, s'il lui prenait fantaisie de se constituer en société de commerce, parce que nulle autorisation n'est exigée pour cela (1).

Mais si ce principe est nettement posé en théorie, la pratique offre bien des difficultés. Quoique chaque institution publique ait son cadre fixé et sa fin déterminée, il est indiscutable que l'appréciation personnelle peut néanmoins trouver place dans ces classifications, et qu'il n'est pas impossible de trouver des lacunes dans ces cellules, si savamment disposées qu'on les suppose.

Depuis quelque temps, une tendance très-accentuée se fait sentir dans la voie d'une extension de capacité au profit des personnes civiles se rattachant à l'organisation des cultes, et le conseil d'Etat a donné en ce sens plusieurs avis récents. Ils doivent être critiqués, s'ils reconnaissent la capacité de ces personnes civiles en

---

(1) Si les pères de la Grande-Chartreuse obtenaient demain l'autorisation de l'Etat comme établissement d'instruction publique, par exemple, perdraient-ils le droit d'alimenter leur budget par le commerce, sous prétexte qu'il n'est pas une condition indispensable de l'instruction qu'ils s'offriraient à répandre ? — Assurément non ; car il est loisible à tout le monde de fonder une société de commerce sans autorisation préalable.

dehors du cadre précis de leur constitution ; ils se justifient, au contraire, sans peine si les droits qu'on leur
accorde rentrent dans la mission qui leur est confiée. La
difficulté se réduit en somme à déterminer avec exactitude
la mission et l'étendue des attributions de chaque personne civile.

Le conseil d'Etat, par avis du 6 mars 1873, admet les
fabriques d'églises à accepter seules et sans l'intervention
du maire ou du bureau de bienfaisance, les sommes destinées à être distribuées aux pauvres par les soins des
membres de la fabrique ou du curé (1). — Cette décision
n'a rien d'exorbitant, car elle maintient le principe que
les attributions des établissements publics sont limitativement indiquées ; mais elle comprend dans celles de la
fabrique le droit de recevoir des libéralités avec une destination charitable. Cela paraît assez logique, si l'on
remarque d'une part que nulle loi n'exprime que de telles
libéralités ne peuvent être acceptées ou exécutées sans
l'intervention du maire et du bureau de bienfaisance, et
d'autre part que le décret du 30 décembre 1809, et la loi
du 18 germinal an X attribuent expressément aux fabriques et aux consistoires l'*administration des aumônes* ; or,
ces termes doivent être pris dans leur sens exact de libéralités adressées aux pauvres, puisque l'article 1 du décret
de 1809 les sépare bien nettement de la conservation et
de l'entretien des temples.

Plus délicat est le second avis, en date du 24 juillet 1873,
qui reconnaît aux établissements ecclésiastiques des cultes reconnus le droit de recevoir des libéralités destinées

____

(1) Il donne la même solution pour les consistoires israélites
et protestants.

à fonder ou à entretenir des écoles. — On peut cependant le justifier en ce qui touche les consistoires protestants, par l'article 20 de la loi du 18 germinal an X, qui leur confie le soin de veiller « au maintien de la *discipline* »; ce terme contient en effet dans le langage de la religion protestante, le droit de surveiller l'éducation des enfants (1). Quant aux établissements ecclésiastiques dépendant des autres cultes reconnus, on peut argumenter par analogie ; car il est assez juste de leur faire à tous la même situation.

Quoi qu'il en soit de ces questions de détail, le principe subsiste : la capacité juridique des personnes civiles est circonscrite dans le cercle de leurs attributions; et dans cette limite, elles jouissent d'une aptitude générale aux droits.

Les partisans du système opposé paraissent se préoccuper surtout des dangers que suscita jadis la puissance des personnes corporatives : et pour les prévenir, ils remplacent la personnalité par la simple jouissance de quelques droits restreints. Le législateur n'est cependant pas resté étranger à ces craintes, et la preuve en est justement dans les restrictions consacrées par le Code ; c'est un remède légal qu'il apporte au mal d'une façon directe et permanente. Ajoutons-y la restriction conventionnelle que peuvent contenir les statuts de la corporation ou de la fondation, et la ressource énergique de la suppression à laquelle l'Etat, maître de l'existence des personnes civiles, est toujours en droit de recourir.

Tous les intérêts se trouvent donc sauvegardés, si les

(1) Un arrêt de la Cour de cassation du 18 mai 1852 se prononce en ce sens. (Dalloz. 1852, I, 137.)

personnes civiles se conforment aux lois générales ou particulières dans l'exercice des droits dont elles ont en principe la plus entière plénitude. Nées par la volonté de l'État, elles obtiennent de lui, en tant qu'ils répondent à leur destination, tous les droits nécessaires à la vie juridique, à moins qu'un texte positif ne leur en retire quelques-uns, ou qu'ils ne soient incompatibles avec leur nature.

§ II. — *Conséquence de la capacité. Des personnes civiles étrangères en France, et réciproquement.*

L'assimilation que nous avons cherché à établir, au point de vue du droit, entre les personnes physiques et les personnes civiles, nous amène à répondre affirmativement à la question suivante : les personnes civiles étrangères ont-elles l'existence et la capacité juridiques en France, et réciproquement ?

Pour ceux, en effet, qui admettent que la concession de de la personnalité morale entraîne la capacité juridique complète, il est impossible d'en restreindre les effets dans l'étendue de tel territoire déterminé : les lois réglant la capacité des individus les suivent, en quelque lieu qu'ils aillent ; l'assimilation doit être étendue à cette hypothèse particulière ; car « la loi qui reconnaît l'existence et la personnalité des sociétés est une loi personnelle par excellence, puisqu'elle crée en quelque sorte la personne morale elle-même. » (1)

Qu'on ne vienne pas objecter que le pouvoir du gouvernement qui crée une personne civile s'arrête aux li-

______

(1) M. Lyon-Caen. De la condition légale des sociétés étrangères en France, n. 6.

mites du pays où s'étend son action ; qu'il n'a le droit par cette création que de faciliter la réalisation d'un but national ; qu'enfin, il n'est pas nécessaire à l'accomplissement du rôle de la personne civile d'agir à l'étranger. C'est sous une autre forme l'argumentation du système restrictif précédemment combattu. Il se réfute encore : non, la capacité de la personne civile n'est resserrée en principe ni dans un cadre limité de droits particuliers, ni dans l'étendue plus ou moins considérable d'un Etat. Dès qu'une loi a créé la personne civile, dès qu'un texte positif a reconnu et réglementé les droits de la personne physique, elles peuvent agir toutes deux au grand jour, et passer la frontière pour prendre leur entier développement (1).

Le conseil d'Etat, pénétré de ces principes, qu'il est regrettable encore une fois de ne pas voir figurer dans la législation positive, en a établi une conséquence en termes clairs et catégoriques, le 12 janvier 1854 : « Le conseil d'Etat..... est d'avis : 1° que tout établissement d'utilité publique étranger, constituant régulièrement une personne civile, a qualité pour recevoir des dons et legs (2) de biens meubles ou immeubles situés en France ; 2° que lesdits dons et legs au profit d'établissements d'utilité publique étrangers, ne peuvent avoir d'effet qu'autant qu'ils ont été autorisés par le gouvernement

(1) M. Laurent constate lui-même que les hospices belges possèdent en France et dans les Pays-Bas, et que les hospices français possèdent en Belgique.

(2) Bien que l'avis du Conseil d'Etat ne s'en explique pas, on doit admettre que lesdits établissements étrangers peuvent acquérir en France à titre onéreux ; car nos lois sont bien plus larges en matière d'aliénation à titre onéreux (art. 1594) qu'à titre gratuit (art. 726, 912). Ces deux articles sont du reste abrogés.

français. » Le motif qui sert de base à cette décision n'est pas moins intéressant à noter que la décision elle-même : il vient confirmer la solution rappelée au début de ce paragraphe. Le conseil d'Etat argumente de ce que la loi de 1819 n'a fait aucune exception en ce qui concerne les personnes civiles étrangères et que ses auteurs voulaient consacrer de la manière la plus large l'abolition du droit d'aubaine dans toutes les applications dont il était susceptible (1).

A ce texte administratif d'une haute importance, vient se joindre un fait constant, c'est que la capacité des sociétés en nom collectif ou en commandite étrangères n'a jamais été contestée en France, et qu'on les a toujours admises à y plaider et à y contracter librement (2). C'est ainsi qu'en 1820, le Ministre de l'intérieur déclara à une société anglaise, qu'elle pourrait agir et contracter en France pourvu qu'elle fût en nom collectif ou en commandite (3).

Quant aux sociétés anonymes, qui présentent de sérieux dangers, la même liberté d'action ne leur fut pas reconnue unanimement. La jurisprudence, appliquant la théorie qui inspirait l'avis du conseil d'Etat de 1854, voulait que les sociétés anonymes étrangères pussent invoquer sans entrave l'article 3 du Code civil : selon elle, l'autorisation du gouvernement français eût constitué un excès de pouvoir, ou pour mieux dire eût transformé le caractère de la compagnie anonyme, qui d'étrangère serait devenue française par le fait même de l'autorisation (4).

(1) Revue critique, année 1854.
(2) M. Lyon-Caen, n. 6.
(3) M. Lyon-Caen, n. 8.
(4) M. Lyon-Caen, n. 9.

Cette extension favorable ne fut pas approuvée de l'administration, et ce semble avec une certaine raison : toute société anonyme autorisée à l'étranger devait être soumise à l'autorisation du gouvernement français; mais tout ce que l'autorité française avait à faire, c'était de donner ou de refuser après contrôle, un *laisser-passer* à la compagnie *créée* par la législation étrangère. Or, cela ne violait en rien les principes de droit international; c'était, au contraire, l'application de cette règle que les étrangers sont soumis en France aux lois de sécurité et d'ordre public (art. 3). Le contrôle de l'Etat était, en effet, légitime, appliqué à des sociétés n'offrant pas, comme les sociétés en nom collectif, la garantie d'une responsabilité rigoureuse, et pouvant absorber d'énormes capitaux retirés, par là-même, des entreprises et des sociétés françaises. L'Etat se réservant (1) de créer, après examen, la personnalité civile des sociétés anonymes françaises, avait le droit et le devoir de rechercher si la sécurité publique pouvait s'accommoder des statuts des sociétés anonymes étrangères, qui se proposaient d'opérer en France. Dans une occurrence aussi délicate, son devoir était de ne pas se contenter de l'autorisation plus ou moins libéralement accordée par un pays étranger, pour faciliter ainsi le développement des compagnies étrangères, en réservant ses rigueurs aux sociétés anonymes françaises.

Telle fut selon nous la seule théorie acceptable, avant la loi du 30 mai 1857. Cette loi, portée spécialement pour régler la situation des sociétés anonymes belges, donne au gouvernement français le droit d'autoriser

____

(1) Avant la loi du 24 juillet 1867.

d'une façon générale (1), toutes les sociétés d'un pays étranger (2); c'est, dit le rapporteur de la commission au Corps législatif, l'acte de réciprocité exigé de nous par la loi belge du 14 mars 1855.

D'après cette législation, le système appliqué aux sociétés anonymes françaises par l'article 37 du Code de commerce, était plus rigoureux, puisque chacune d'elles devait obtenir un décret d'autorisation spéciale; mais la loi du 24 juillet 1867, article 21, a retourné les termes de la situation : les sociétés anonymes étrangères restent en effet soumises désormais à la loi de 1857 qui n'a été abrogée ni expressément ni tacitement, tandis que la surveillance appliquée aux sociétés anonymes françaises se réduit à l'application d'une série de formalités et conditions.

La fréquence et l'extension des opérations commerciales expliquent suffisamment la présence de la loi du 30 mai 1857 sur les sociétés. Quant aux autres personnes civiles étrangères, les textes font défaut; il importe cependant de se fixer sur leur condition en France; les départements frontières sont intéressés à cela; car les villes suisses notamment placent beaucoup d'argent sur hypothèque chez nous, et sont assez souvent dans le cas d'acheter les immeubles hypothéqués à leur créance (3).

(1) Elle est donc plus libérale que le système antérieur.

(2) La loi de 1857 parle des sociétés anonymes et des sociétés qui sans être anonymes sont soumises à l'autorisation de leur gouvernement et l'ont obtenue.

De la sorte notre gouvernement aura ou n'aura pas besoin d'autoriser d'une façon générale les sociétés en nom collectif ou en commandite par actions étrangères, selon que le gouvernement étranger exigera ou n'exigera pas l'autorisation. — Ce résultat a quelque chose de singulier. (M. Lyon-Caen, n. 26.)

(3) La Cour de cassation de Belgique, par arrêt du 8 février

La théorie générale est basée sur ces deux règles de droit
international : les personnes étrangères, morales ou physiques, sont régies en tout pays par les lois personnelles
qui fixent leur capacité ; mais elles sont soumises partout
aux lois intéressant l'ordre public et la sécurité générale.
Aussi doit-on regarder comme excellente la double décision contenue dans l'avis du conseil d'Etat du 12 janvier 1854 ; on ne saurait mieux faire que d'en étendre le
système par analogie.

CHAPITRE IV.

REPRÉSENTATION DES PERSONNES CIVILES.

§ I. — *De la représentation en général.*

Quelque complète que soit la capacité juridique des
personnes civiles, leur nature idéale leur interdit de
mettre en mouvement les droits dont la loi les investit.
Ce sont des êtres susceptibles de recevoir l'empreinte
des droits actifs ou passifs, mais forcément inhabiles à
les exercer, en un mot, capables en droit, mais incapables en fait. Puisqu'elles ont la faculté de jouir des
droits qui ne leur sont pas formellement retirés, il faut,
sous peine de rendre vaine cette aptitude générale,

1849, décida que les sociétés anonymes françaises n'avaient pas
la qualité de personnes civiles en Belgique ; mais que « les communes étrangères et les établissements qui en dépendent, tels
que les fabriques d'église, les hospices, les bureaux de bienfaisance, sont reconnus en Belgique comme des personnes civiles,
capables d'y posséder et d'y exercer des droits. »

qu'une personne physique exprime une volonté et exé-
cute des actes pour elles. Cette conséquence s'impose;
aussi les lois relatives aux diverses personnes civiles en
règlent-elles la représentation.

Les représentants des personnes civiles ont des pouvoirs tenant à la fois de la tutelle et du mandat; ce sont
eux qui passent avec les tiers les contrats intéressant
l'être moral, qui acceptent les libéralités dont il est
l'objet, qui figurent en demandant ou en défendant dans
les procès où il est engagé, qui agissent en un mot pour
lui dans tous les actes de la vie civile (1). Ce sera presque
toujours à un seul individu qu'incombera la fonction active et le soin de figurer dans les divers actes, aliénations,
achats, donations, transactions, baux, actions en justice;
mais il sera soumis dans les questions importantes à la
délibération préalable d'un conseil ou d'une commission
de plusieurs membres, tantôt nommée entièrement à
l'élection, tantôt composée partie de membres élus et
partie de membres de droit.

On a établi un rapprochement assez heureux entre la
situation des pupilles et celle des établissements publics :
le maire, directeur, président, etc., jouerait le rôle d'un
tuteur; et les fonctions du conseil municipal ou d'administration remplaceraient celles du conseil de famille.
Enfin, la haute surveillance de l'Etat rappellerait les for-

---

(1) C. civil, art. 937. — Pour les départements, loi du 10 août
1871, art. 53, 54. — Pour les communes, loi du 18 juillet 1837,
art. 10. — Pour les hospices, décret du 12 août 1807. — Pour les
fabriques, décret du 30 décembre 1809, art. 24 et suivants. — Pour
les associations syndicales, loi du 21 juin 1865, art. 20 à 24. —
Pour les communautés religieuses, ordonnance du 2 avril 1817,
art. 3.

malités qui se joignent parfois aux délibérations du conseil de famille.

Quoique l'observation ne soit pas rigoureusement exacte, elle indique à merveille la sollicitude avec laquelle les lois se sont préoccupées des intérêts des établissements publics : tout en laissant à leurs représentants une certaine initiative, elles ont cherché à protéger autant que possible les personnes morales.

Nos codes en contiennent, en plusieurs endroits, la manifestation :

L'article 481 du code de procédure, qui reproduit l'article 35 de l'ordonnance de 1667 accorde à l'Etat, aux communes et aux établissements publics le droit d'user de la requête civile, quand ils n'auront pas été défendus, ou ne l'auront pas été valablement par leurs représentants.

L'article 175 du Code pénal, qui n'est que le développement et la sanction de l'article 1596 du Code civil, interdit à tout administrateur des communes et des établissements publics (1), fonctionnaire ou agent du gouvernement, de prendre ou recevoir « quelque intérêt que ce soit dans les actes, adjudications, entreprises ou régies dont il avait, au temps de l'acte en tout ou en partie, l'administration ou la surveillance. » Il est, en effet, de la plus haute importance de ne pas placer ces administrateurs entre leur intérêt et leur devoir. En cas de contravention, ils seront punis d'un emprisonnement de six mois à deux ans, et condamnés à une amende variant entre le quart et le douzième des restitutions et indemnités. Quant aux ventes passées en violation de

(1) Voir le décret du 30 décembre 1809, art. 61.

cette interdiction, elles seront nulles, mais d'une nullité relative, ne pouvant être invoquée que par la personne civile dont les intérêts sont protégés par la loi contre son mandataire (1).

Quant à l'hypothèque légale de l'article 2121 du Code civil, elle ne portera sur les biens des représentants de la personne civile, qu'autant qu'ils en auraient le maniement des deniers : elle ne s'applique, en effet, qu'aux « receveurs et administrateurs comptables. »

§ II. — *Représentation des principales personnes civiles.*

Après cet exposé du rôle général des représentants ordinaire, abordons l'énumération des divers modes de représentation, respectivement applicables aux êtres fictifs les plus importants.

La personnalité civile de l'Etat, dont le champ d'application est si vaste et les conséquences si considérables, appelle la création d'un grand nombre de représentants, capables par l'étendue restreinte du territoire où ils fonctionnent, ou par la spécialité des questions qui leur sont confiées, de défendre plus efficacement et plus promptement les intérêts de l'Etat.

Considéré en tant que personne civile, et en ce qui touche notamment à ses propriétés privées, il a pour représentant le ministre des finances ; c'est lui qui exerce les actions devant le Conseil d'Etat. Mais, dans l'impossibilité où il se trouve de se multiplier sur toute la surface du territoire, c'est aux préfets que revient,

(1) M. Duranton. XVI, 139. — M. Demante. VII, n. 23 bis. — MM. Aubry et Rau, III, § 351. — Code forestier, art. 21, 101.

dans la circonscription qu'ils administrent, le soin de figurer pour l'Etat dans les divers actes de la vie civile : ainsi c'est aux préfets qu'il appartient d'exercer ses actions domaniales, ou d'y défendre, devant les tribunaux judiciaires ou administratifs (1), et ils n'ont besoin d'obtenir pour plaider ni l'avis, ni l'autorisation du conseil de préfecture (2). C'est encore le préfet qui préside aux baux administratifs et aux adjudications.

Outre ses représentants dans l'ordre du droit privé, l'Etat a des régisseurs dont l'ensemble compose l'administration de l'enregistrement et des domaines. C'est elle qui exerce la gestion matérielle des biens domaniaux, qui prépare les éléments pour la confection des baux et ventes immobilières, et en recouvre les prix et loyers, qui fait procéder aux ventes mobilières, et perçoit le montant des créances, capitaux et intérêts. Elle a le droit d'agir par voie de contrainte, et d'exercer par elle-même les actions qui tendent simplement au recouvrement d'un revenu (3). Enfin, une circulaire du grand juge, du 8 juillet 1806, indique avec précision les formalités à remplir par la régie des domaines, en cas de dévolution à l'Etat d'une succession par suite de déshérence.

Les forêts domaniales sont, en raison de leur nature, soumises à un régime particulier : l'administration des eaux et forêts, qui comprend trente-deux conservations forestières, placées sous la dépendance du ministre des finances, a la gestion des bois soumis au régime fores-

(1) C. proc., art. 69. — Arr. du Conseil d'Etat, 23 décembre 1835. La compétence judiciaire est de droit commun.

(2) Arrêt du Conseil d'Etat du 28 août 1823.

(3) L. 19 août-12 septembre 1791, art. 4.

tier ; elle a reçu en outre la mission de poursuivre la réparation des délits commis dans ces bois et ces forêts (1).

Il est à peine besoin d'ajouter que tous ces fonctionnaires, représentants ou régisseurs de l'Etat dans les actes juridiques, sont nommés par le Gouvernement.

Le représentant des intérêts départementaux est le préfet, dont la situation, vis-à-vis du Conseil général, est beaucoup plus dépendante depuis la loi du 10 août 1871 (2). Signalons l'art. 53 de cette loi (3), qui lui remet la mission d'accepter ou refuser les dons ou legs offerts au département, en vertu de la décision du Conseil général, ou du Gouvernement selon les cas. — Organe du pouvoir central, et représentant du département, le préfet sera dans l'impossibilité de figurer pour l'un et pour l'autre, au cas où ils seraient engagés dans un débat comme adversaires; l'art. 54 de la loi de 1871 prévoit ce conflit et tranche la difficulté en ces termes : « En cas de litige entre l'Etat et le département, l'action est intentée ou soutenue, au nom du département, par un membre de la commission départementale désigné par elle (4). »

La délibération sur les affaires de la commune est confiée au Conseil municipal : au maire appartient l'exécution ; c'est lui qui figure pour la commune dans les

______

(1) Code forestier, art. 159.

(2) La commission départementale contrôle ses actes au moins une fois par mois (art. 73).

(3) Et l'art. 31 de la loi du 10 mai 1838.

(4) Ce système nous paraît préférable à celui de la loi de 1838, qui, dans l'espèce, donnait au plus ancien conseiller de préfecture la mission de réprésenter le département (art. 36).

actes où ses droits privés sont en relation avec ceux des
tiers, qui stipule, qui plaide pour elle, etc. (1). Nous
n'avons pas l'intention de rechercher en détail, si, dans
une bonne législation, le maire devrait tenir directement
son mandat des électeurs ou du Conseil municipal, ou
s'il devrait être choisi par le Gouvernement, au sein ou
bien en dehors de ce Conseil. Notre législation administrative a subi sur ce point de nombreuses fluctua-
tions (2) ; la loi qui nous régit actuellement (20-22 janvier 1874), consacre, dans le sens le plus large, la prérogative gouvernementale.

L'exercice des actions de la commune offre une particularité remarquable sous forme de dérogation aux règles de la représentation normale ; un contribuable peut
de son chef se constituer représentant de la commune
dans l'espèce prévue à l'art. 49 de la loi du 18 juillet 1837 :
« Tout contribuable inscrit au rôle de la commune, a le
droit d'exercer, à ses frais et risques, avec l'autorisation
du Conseil de préfecture, les actions qu'il croirait appartenir à la commune ou section, et que la commune ou
section, préalablement appelée à en délibérer, aurait refusé ou négligé d'exercer. La commune ou section sera
mise en cause, et la décision qui interviendra aura effet
à son égard. »

Les sections de commune sont, pour assurer l'unité de
direction et de gestion, représentées par le maire de la
commune à laquelle elles sont réunies. Toutefois, quand
une section est dans le cas de plaider contre la commune

(1) Loi du 18 juillet 1837, art. 10 à 16 ; 47 et suivants.
(2) Voir les lois suivantes : 28 pluviôse an VIII ; 21 mars 1831,
art. 3 ; 3 juillet 1848 ; 5 mai 1855, art. 2 ; 22 juillet 1870 ; 14 avril
1871, art. 9 ; 20 janvier 1874, art. 2.

elle-même, il est formé pour cette section une commission syndicale de trois ou cinq membres, que le préfet choisit (1).

Les actes de la vie civile des hospices et hôpitaux communaux, sont remplis par leur Commission administrative, composée de cinq membres nommés par le préfet, du plus ancien curé de la commune, et du maire auquel la présidence appartient (2). Une loi récente, du 21 mai 1873, a combiné le principe de la nomination préfectorale avec le droit de présentation des commissions. — Un décret du 17 juin 1852 a rendu applicable aux bureaux de bienfaisance les dispositions du décret du 23 mars de la même année : c'est la loi du 21 mai 1873 qui les régit actuellement.

Par exception, les hospices et hôpitaux de Paris sont administrés sous le contrôle d'un conseil de surveillance, par un directeur général de l'assistance publique, qui les représente en plaidant et en contractant : le directeur est nommé par le ministre de l'intérieur, sur la proposition du préfet de la Seine (3). Un décret du 29 septembre 1870 supprima la direction générale de l'assistance publique, pour la confier à l'autorité municipale, en ce qui touche les secours à domicile. Quant aux hospices et hôpitaux, un conseil général des hospices fut chargé de veiller à leur administration. Ce décret et celui du 18 février 1871, qui complétait la réforme, ont été rapportés par la loi du 21 mai 1873 : elle remet en vigueur la loi du 10 janvier 1849, qui, « malgré son ori-

(1) Loi du 18 juillet 1837, art. 56, 57.
(2) Décret du 23 mars 1852. — Loi du 7 août 1851, art. 6 à 11.— Loi du 21 mai 1873.
(3) L. 10 janvier 1849.

gine républicaine, n'avait pas été respectée par le gouvernement de la défense nationale. » (1).

Les séminaires diocésains, les menses épiscopales, les diocèses sont représentés par les évêques (2). — Les fabriques chargées de gérer les biens des paroisses catholiques sont représentées par le bureau des marguilliers composé du curé ou desservant, et de trois personnes choisies parmi les membres du conseil de fabrique dans leur sein (3).

Pour les sociétés commerciales, une distinction est nécessaire.

La société en nom collectif peut être représentée par un associé quelconque ; mais les statuts sociaux modifieront toujours ce principe, soit que la gestion des affaires sociales soit confiée à une seule personne avec une entière plénitude, soit qu'il lui soit interdit d'engager la société au delà d'un certain taux (4).

Dans les compagnies anonymes, c'est de l'assemblée générale des associés qu'émanent les pouvoirs : mais elle déléguera à un ou à quelques associés le soin de diriger les opérations et de défendre les intérêts communs: ces personnes, investies de la confiance des actionnaires, forment le *conseil d'administration*, qui choisit dans son sein un petit nombre de personnes constituant un *comité de direction* ou d'*exécution*, dont le nom indique le rôle. Parfois le gouvernement place à la tête de ce conseil un *gouverneur*, comme cela arrive pour la Banque de

---

(1) Rapport à l'Assemblée nationale du 24 février 1872.

(2) Décret du 6 novembre 1813. — Avis du Conseil d'Etat des 29 avril, 13 mai 1874.

(3) Décret du 30 novembre 1809, art. 13.

(4) Loi du 24 juillet 1867, art. 57.

France et le Crédit foncier; d'autres fois il est nommé par le conseil, avec l'agrément du ministre des finances : il en est ainsi au Comptoir d'escompte et au Crédit mobilier (1).

Enfin, nous citerons les associations syndicales pour l'exécution de travaux d'amélioration agricole. Qu'elles soient *libres* ou *autorisées*, selon les termes de la loi du 21 juin 1865, «elles peuvent ester en justice par leurs syndics, acquérir, vendre, échanger, transiger, emprunter ou hypothéquer. » Ces syndics sont élus par l'assemblée générale, parmi les intéressés, et l'acte constitutif de chaque association fixe le minimum d'intérêt qui donne droit à chaque propriétaire de faire partie de l'assemblée générale (2).

Cette excursion un peu longue à travers les textes administratifs n'a pas été inutile, puisqu'elle nous a fourni l'occasion d'analyser chemin faisant quelques dispositions de lois importantes. De plus, elle permet de constater que cette partie du sujet ne peut pas être ramenée à une théorie générale : sans doute toute personne civile a un représentant; mais les règles de détail varient à l'infini, chaque être moral ayant un système spécial et exclusif de représentation.

---

(1) « Les administrateurs, simples mandataires librement choisis, soit parmi les associés, soit en dehors d'eux, ne sont responsables que de l'exécution du mandat qu'ils ont reçu, et non des engagements sociaux. Le pouvoir est aux actionnaires, soumis eux-mêmes aux statuts; c'est dans toute l'acception du mot une agrégation de capitaux érigée en personne civile, figurant dans le monde des affaires par des mandataires; elle n'a pas de raison sociale; elle signe, à vrai dire, du chiffre de ses millions. » — M. Beudant, Revue critique, année 1867.

(2) Loi du 21 juin 1865, art. 20-24.

Il n'est pas sans intérêt de rechercher cependant si sous cette diversité réelle, ne se cache pas quelque principe de raison motivant la variété des institutions qu'on vient de passer en revue. Il semble que les législateurs qui se sont succédé ont, dans l'ordre d'idées qui nous occupe, obéi à ce principe que la représentation doit être confiée à l'initiative et à l'activité des particuliers avec une libéralité d'autant plus grande que la personne civile touche moins directement à l'organisation des pouvoirs publics.

Si la nomination des représentants d'une association amicale, ou d'une société d'archéologie ou d'horticulture intéresse médiocrement l'État, il est au contraire d'une importance capitale que la main de l'État se fasse sentir dans la nomination des représentants des personnes civiles publiques. Il est de toute nécessité que les membres actuels d'une commune ou d'un département ne nuisent pas, par l'exercice d'une indépendance absolue qui peut être irréfléchie, aux intérêts du territoire qui ne change pas, et par contre-coup aux générations à venir. La participation de l'État et des citoyens à la composition du pouvoir représentatif a cet avantage de tempérer l'une par l'autre deux influences rivales, et d'éviter les excès que la domination exclusive de l'une amènerait comme inévitables résultats.

Voici deux exemples à l'appui de ce principe :

Les sociétés commerciales dont le but est privé, organisent leur représentation avec une liberté de mouvement que l'État ne cherche pas à entraver : les membres d'une société en nom collectif sont ses représentants naturels, et l'État ne contrôle ni leur capacité ni leur moralité individuelle, pourvu que les conditions

légales de constitution et de fonctionnement soient rem-
plies par la société.

Les départements au contraire se lient trop intimement à des intérêts d'un ordre politique élevé, pour que
le souverain ne se réserve pas d'intervenir dans la nomination de leurs représentants. On comprend bien, du reste,
qu'on sentira dans le système adopté les tendances plus
ou moins décentralisatrices du moment : ainsi le préfet,
depuis la loi du 28 pluviôse an VIII, est nommé par le
gouvernement; la Constituante avait laissé au contraire
une grande part à l'initiative des citoyens, puisque c'est
de leur seul vote que sortaient le procureur général syndic, et le conseil de département chargé de désigner les
membres du directoire de département.

Même dans les cas où la plus grande somme de liberté
est laissée aux intéressés au point de vue de la représentation, le gouvernement se réserve d'y pourvoir directement en cas de négligence des particuliers. Ainsi les
syndics d'une association syndicale seront nommés par
le préfet dans le cas où l'assemblée générale, après deux
convocations, ne se serait pas réunie, on n'aurait pas
procédé à l'élection (1).

En somme, il paraît naturel que l'État, maître absolu
de créer les personnes civiles, puise aussi dans son pouvoir souverain d'appréciation, le droit de laisser la corporation s'administrer elle-même, ou de lui imposer tel
mode de représentation. Là, comme partout, le législateur devra prendre conseil de l'intérêt général et de la
sécurité publique : à cette condition seulement sa souveraineté est légitime; sinon elle devient despotisme.

(1) Loi du 21 juin 1865, art. 22.

D'ailleurs, qu'on admette ou qu'on repousse en théorie
et en législation le point de vue que nous venons d'envisager, force sera bien de laisser quand même le dernier
mot à l'État. Donne-t-on à toute personne civile la faculté
de réglementer à sa guise son système de représentation,
l'État, s'il désapprouve la décision prise et la trouve en
opposition avec l'utilité publique qu'il doit toujours
prendre pour guide, aura pour la sauvegarder le moyen
énergique de la dissolution devant lequel il faudra bon
gré mal gré s'incliner.

CHAPITRE V

MORT DES PERSONNES CIVILES.

§ I. — *Mort des personnes civiles.*

Au premier abord, la pérennité pourrait paraître à
certains esprits la conséquence nécessaire de la nature particulière des personnes civiles. Les personnes
corporatives, dirait-on, se perpétuent indéfiniment par
l'admission dans leur sein de nouveaux membres qui
comblent les vides laissés par leurs devanciers : la mort
peut atteindre les individus physiques dont la réunion
constitue, sous certaines conditions, une personne idéale:
mais elle ne frappe pas plus haut. Quant aux fondations
qui, selon le mot de M. deSavigny sont « des abstractions
personnifiées » elles résistent à l'idée de mort : la mort de
tous les malades d'un hospice, ou la perte complète de
son patrimoine n'entraînerait nullement la disparition de

l'hospice, indépendant, comme nous l'avons dit, de ces questions purement matérielles.

On sent tout ce qu'un pareil raisonnement a d'insuffisant. Nous tenons, il est vrai, pour certain, que la mort de tous les citoyens d'une commune n'entraîne pas la disparition de la commune personne civile ; mais conclure de là à l'existence éternelle de la commune, c'est ce qu'il est difficile d'admettre. La personne morale ne naît pas comme une personne physique ; elle ne meurt pas non plus comme elle, mais elle meurt. Le législateur, juge sans appel de l'opportunité de telle ou telle création, n'aurait qu'un pouvoir boiteux si à sa puissance créatrice ne s'ajoutait pas la puissance inverse ; l'une appelle l'autre comme corollaire immédiat ; la première, sans la seconde, serait un non-sens. L'État ne peut pas, par une loi ou un décret d'autorisation, se lier à jamais et s'interdire le droit de remédier aux dangers d'une institution que lui seul avait la capacité de faire naître.

Si lui seul puise dans des raisons d'intérêt général le droit de donner la personnalité à telle association, comment ne puiserait-il pas à la même source le droit de a retirer quand l'intérêt public le commande ?

Les personnes civiles peuvent donc mourir sans contredit. Un mot contient la théorie en cette matière : il existe entre les règles sur la naissance et celles sur la mort des personnes civiles une entière corrélation. Les observations suivantes le montreront clairement :

I.— Les sociétés commerciales, qui peuvent se constituer avec la capacité générale attachée à la personnalité civile, sans requérir la sanction de l'État, meurent sans que l'État ait à intervenir. Si la loi juge inutile de donner son adhésion expresse et formelle à la création d'une société de commerce, c'est qu'elle l'autorise par là même tacitement à vivre, avec l'entière aptitude aux droits, tant que ses membres le croiront opportun. On chercherait vainement la nécessité d'une intervention de l'État pour enlever la personnalité à une société dont le but est atteint, et dont l'existence n'a plus de raison d'être.

D'ailleurs, les personnes civiles dont le fondement repose sur une société, ne survivent pas à l'extinction même de la société. En conséquence (1) elles meurent « à l'expiration du temps pour lequel elle a été contractée; par l'extinction de la chose ou la consommation de la négociation; par la mort naturelle de quelqu'un des associés; par l'interdiction ou la déconfiture de l'un d'eux (2); par la volonté qu'un seul (3) ou plusieurs expriment de n'être plus en société; » enfin par la perte d'un apport promis (4).

II. — Dans les hypothèses beaucoup plus nombreuses où l'intervention de l'État et l'expression formelle de sa volonté se manifestent pour créer la personne civile, la condition diamétralement opposée est nécessaire à son extinction (5). Les communes, les hospices, les départements sont à cet égard dans la dépendance absolue de l'État. Cette solution est commandée par les mêmes raisons que, *mutatis mutandis*, nous avons exposées relati-

(1) C. civil, art. 1865.

(2) La mort, l'interdiction, la déconfiture, et ajoutons la faillite, ne dissolvent la société que lorsqu'elle est formée *intuitu personæ*.

(3) Dans le cas seulement où la société est illimitée dans sa durée.

(4) Code civil, art. 1867.

(5) L'État peut d'ailleurs supprimer une personne individuellement ou toute une classe de personnes civiles.

vement à la création des personnes civiles : aux témoignages irrécusables d'une tradition de plusieurs siècles (1), se joignent et la nécessité théorique d'un acte législatif détruisant ce qu'un acte législatif avait créé, et les enseignements de l'histoire qui montrent la sécurité publique souvent mise en danger par « ces corps vivants dans le cœur des États. »

« Tous les gens de main-morte, dit Merlin (2), ont cela de commun qu'ils ne peuvent exister que par l'autorisation de la loi, et que la loi peut, quand il lui plaît, les anéantir, en leur retirant l'autorisation qu'elle leur avait d'abord accordée. »

On s'est demandé si, dans certains cas, l'acte de l'État ne consisterait pas uniquement dans une constatation de décès : par exemple, la mort de tous les membres (3) d'une commune ou d'une corporation ne va-t-elle pas amener comme conséquence la disparition et la radiation de la commune elle-même ou de la corporation? Nous ne le pensons pas; et cela, pour deux motifs :

Le rôle de l'État est éminemment actif; il ne constate pas plus la mort des personnes civiles, qu'il n'enregistre leur naissance : dans les deux cas il agit en maître absolu; il crée et il supprime ; de lui seul dépendent la vie et la mort de ces êtres de raison. Avant l'acte créateur de l'État, la personne civile n'avait pas même d'existence

(1) L. 21, Dig., liv. VII, t. 4.

(2) Main-morte, t. XIX, p. 39.

(3) Tout le monde admet que la survivance d'un seul membre suffit pour maintenir la personne civile. Il pourra donc plaider pour elle, exercer ses droits, etc. Loi 7, Dig., liv. III, tit. 4. — Carpzovius en conclut qu'un seul professeur restant d'une faculté peut examiner et conférer les grades.

embryonnaire ; une fois créée elle ne rentre dans le néant
que sur un mot de qui l'en a tirée.

Si l'on admettait que la mort des citoyens entraîne par
elle seule et fatalement la mort de la commune, on serait
en opposition avec ce que nous avons dit précédemment,
à savoir que l'Etat peut donner l'existence juridique à
une commune, une corporation, une fondation, alors
même qu'aucune réunion des éléments matériels n'existe
au préalable. Dès qu'on admet le législateur à se préoccuper uniquement de l'utilité du but à atteindre, la personne civile doit se maintenir tant que cette utilité reconnue subsiste. Si donc l'Etat a jugé opportun de
constituer une commune, elle conservera sa personnalité
et ses droits, quand même une épidémie ou tout autre
événement enlèverait toutes les personnes dont elle se
composait. La solution inverse aboutirait à cette conséquence inadmissible que tous les citoyens d'une commune pourraient, par une émigration totale, faire disparaître un être moral, que son rôle relie intimement à
l'organisation des pouvoirs publics.

III. — La loi du 24 mai 1825 contient, en termes irréfutables, la preuve que les formes de la dissolution
des personnnes civiles sont les mêmes que celles de la
création. L'article 2 dispose que l'autorisation des congrégations proprement dites sera accordée par une loi ;
et l'article 6 commence ainsi : « L'autorisation des congrégations religieuses de femmes ne pourra être révoquée
que par une loi. » — D'autre part, il ressort de la combinaison des articles 3 et 6 que l'autorisation et la révocation, en ce qui concerne les établissements ou suc-
cursales de congrégations déjà autorisées, sont prononcées
dans la forme d'une ordonnance. Dans les deux séries

de dispositions, la corrélation est donc bien établie.

Les établissements créés par l'Eglise ont souvent invoqué une espèce de droit divin (1) pour se soustraire à la domination de l'Etat, qui paraît en avoir peu tenu compte, et s'être réservé le droit de les gouverner à sa guise. Un Edit d'avril 1664 réunit à l'ordre de Saint-Lazare, les Léproseries et Maladreries, après la disparition de la maladie connue sous le nom de *lèpre* : elles en furent séparées au 1693, et leurs revenus affectés aux besoins des pauvres et à diverses œuvres pieuses. Le célèbre édit d'expulsion des Jésuites, rendu en novembre 1764, est encore une preuve éclatante de la souveraineté que l'Etat n'a jamais entendu abdiquer.

§ II. — *Conséquence de la mort des personnes civiles.*

Les sociétés commerciales dont la personnalité commence et finit à la discrétion des associés, ont, après leur dissolution, la destinée suivante : constituées dans l'intérêt particulier de leurs membres, elles n'ont pas, à un degré aussi tranché que les autres personnes civiles, ce caractère spécial et individuel qui les sépare en général de l'individualité des membres qui les composent. La personnalité civile des sociétés de commerce n'a pour

(1) « L'Eglise a la prétention d'être plus qu'une personne civile; les canonistes disent qu'elle est une *société parfaite*; ils entendent par là qu'elle forme un *Etat* ayant un vrai *pouvoir*; et ce pouvoir, elle le tient, non de la loi, mais de Dieu qui l'a fondée. Par suite, elle réclame ce que les légistes appellent la personnalité civile, pour tous les établissements qu'elle juge nécessaires. Ces prétentions ne sont fondées sur rien. Sur le terrain juridique, c'est une hérésie de dire qu'il y a personne civile sans loi ou malgré la loi. » M. Laurent, I, n. 296.

but et pour utilité que l'unité des opérations et la sim-
plification des affaires dont le bénéfice doit profiter en
dernière analyse aux patrimoines respectifs des associés.
Aussi la dissolution de la société de commerce, qui entraîne la fin de sa personnalité civile, est-elle suivie d'une
liquidation (1), et d'un partage des bénéfices et du fonds
commun entre les associés.

C'est encore là, hâtons-nous de le dire, une nouvelle
particularité spéciale aux personnes civiles privées.
Quant aux autres, plus ou moins intimement liées à l'organisation générale, leur but public et souvent politique
accentue davantage la distinction fondamentale entre
elles et les individus qu'elles comptent dans leur sein.
Si donc, par exemple, la commune ou la congrégation
reconnue a une existence et un patrimoine essentiellement distincts de la vie et des biens des citoyens ou des
affiliés, il en résulte que la disparition, la mort de la personne civile, n'ouvrira sur son patrimoine aucun droit
pécuniaire au profit des individus qui la composaient.
Quel droit allégueraient-ils? La propriété des biens en
question ne leur ayant jamais appartenu, la seule prétention concevable serait une vocation successorale aux
biens de la personne civile : mais elle est immédiatement écartée par cette raison que les êtres fictifs n'ayant
pas de famille, ne peuvent pas avoir d'héritiers légitimes (2). Les biens de la personne civile éteinte se

(1) Le travail de liquidation qui suit la dissolution exige le maintien de la personnalité civile jusqu'à la fin de cette opération.

(2) Ils n'ont pas non plus d'héritiers testamentaires, car le droit
de faire un testament ne peut pas être délégué à un représentant ;
or la personne civile est, d'autre part, incapable d'en confectionner
un elle-même. C'est un de ces droits dont l'exercice et la jouissance sont inséparables.

trouvent donc sans maître; et comme les biens sans maître appartiennent à l'Etat, c'est lui qui est appelé à les recueillir (1).

Cette conséquence forcée de prémisses indiscutables, ne laisse pas de présenter des dangers sérieux, puisque l'Etat se trouve juge et partie dans une question où se feront sentir mille influences et des courants d'idées bien divers. Les craintes sont légitimes, en présence d'une situation qui donne à l'Etat le double droit d'anéantir les personnes civiles et de recueillir les biens de celles qu'il a détruites.

L'assemblée constituante fit, en 1789, une mémorable application de cette théorie inattaquable en droit, en supprimant les congrégations religieuses dont les domaines furent mis *à la disposition de la nation* (2). Il n'y eut donc point, selon les principes et dans le sens rigoureux des termes, de *confiscation;* mais au fond des choses n'est-ce pas confisquer que supprimer une personne pour en recueillir les biens? La critique ne pourrait donc s'engager que sur la suppression des congrégations; mais cette discussion nous entraînerait sur un terrain politique où nous n'avons pas qualité pour pénétrer.

Devant cette omnipotence, Treilhard dit que la nation seule est propriétaire des biens affectés au service des établissements publics : « Si un établissement public est supprimé, à qui passe la disposition des biens? A la nation. Elle est donc propriétaire de ces biens, puisqu'elle est libre de les prendre quand elle veut. Il est plus simple

(1) C. civil, art. 713. — Successeur irrégulier, l'Etat devra payer les dettes de la personne dont il recueille les biens.

(2) Décret des 5, 13 février, 2 novembre 1789.

et plus loyal de déclarer, dès à présent, la nation propriétaire que de reconnaître dans les hospices un droit de
propriété dérisoire; car celui-là seul est véritablement
propriétaire qui peut user, abuser et disposer (1). » —
Il faut avouer que c'est là une étrange manière de voir.
Tant qu'ils existent, les établissements publics peuvent
user, abuser et disposer de leurs biens : donc ils en sont
propriétaires. Quant à la nation, elle ne peut les prendre
qu'après avoir supprimé la personne civile, et non pas
directement; ce n'est donc pas comme propriétaire
qu'elle les recueille; mais c'est par suite du droit de
deshérence.

Quoi qu'il en soit, le pouvoir de l'Etat n'aura ici d'autre
modérateur que l'intérêt public, dont le souci doit inspi-
rer tous ses actes. C'est là, sans doute, une garantie un
peu idéale; mais il faut s'en contenter : la loi ne serait
plus souveraine, si le moindre *veto* s'opposait efficacement à ses décisions; ce qu'il est permis de souhaiter,
c'est qu'elle apporte elle-même un adoucissement à cette
situation exceptionnelle. D'ailleurs, le plus souvent,
l'acte de suppression contiendra le mode d'emploi et
l'affectation des biens recueillis par l'Etat; son devoir sera
de les appliquer, autant que possible, à satisfaire le but
cherché par le fondateur ou les corporations.

Au reste, les législateurs ont bien senti ce que pouvait,
dans un cas donné, avoir d'excessif cette toute-puissance;
et plusieurs textes contiennent des palliatifs à cet état de
choses.

Le décret des 13-19 février 1790, qui prohibe en
France les vœux monastiques, dispose dans son article 2 :

____

(1) Locré. Législ. civile, art. 516.

«Tous les individus de l'un ou de l'autre sexe, existant dans les monastères et maisons religieuses, pourront en sortir en faisant leur déclaration devant la municipalité du lieu, et il sera pourvu incessamment à leur sort par une pension convenable. Il sera pareillement indiqué des maisons où seront tenus de se retirer les religieux qui ne voudront pas profiter de la disposition du présent. » — Le décret du 18 août 1792, dans son titre III, fixe le montant des pensions allouées aux membres des congrégations ecclésiastiques vouées ou au culte ou à l'instruction, des congrégations laïques vouées à l'instruction ou vivant du travail de leurs bras, et des congrégations de filles (1).

Un système tout particulier régit, depuis la loi de 1825, la dévolution des biens des congrégations religieuses de femmes, dans le cas où l'autorisation de l'Etat leur est retirée (2). Elle opère de la façon suivante :

D'un côté, les biens provenant de donations entre-vifs ou testamentaires, font retour aux donateurs, ou aux parents au degré successible des donateurs ou testateurs. Ce droit de retour est basé sur l'interprétation de la volonté des donateurs qui entendaient probablement ne dépouiller leurs familles qu'au profit des congrégations religieuses, et non pas de l'Etat. On pourrait y voir une révocation de la libéralité pour inexécution des conditions, dans le cas particulier où elle aurait été accom-

____

(1) Voir aussi : arrêté du 15 brumaire an IX ; LL. 4 ventôse an IX, 7 messidor an IX ; 9 fructidor an IX et 27 frimaire an XI.

(2) Cette loi a singulièrement restreint, ou, pour mieux dire, anéanti, dans le cas spécial dont elle s'occupe, le droit de succession irrégulière de l'Etat.

pagnée de telle ou telle charge dont le retrait d'autorisation rend l'exécution impossible (1).

L'Etat n'aura même pas le droit de recueillir ces biens provenus de dons ou legs, dans le cas possible où on ne retrouverait ni le donateur ni ses parents au degré successible. L'article 7 de la loi de 1825 dispose, en effet, qu'ils seront alors « attribués et répartis, moitié aux établissements ecclésiastiques, moitié aux hospices des départements dans lesquels seraient situés les établissements éteints. » Cet article peut, à la rigueur, se justifier par une interprétation de volonté du disposant; son désir était sans doute avant tout de consacrer sa fortune à une œuvre pieuse; et la suppression de la personne qu'il avait spécialement gratifiée a pour effet indirect de reporter la libéralité sur des établissements similaires ou analogues.

Cette explication un peu forcée par laquelle des auteurs ont justifié la décision dont nous avons reproduit le texte, n'est acceptable qu'en ce qui touche les biens provenus de dons et legs; mais elle ne suffit pas pour motiver dans son intégralité l'article 7, qui donne la même solution pour les biens acquis à titre onéreux par les congrégations religieuses. La décision peut être en ce point critiquée; car dans ce cas, le droit de l'Etat ne paraît pas contestable : lui seul devrait recueillir ces biens en vertu de l'article 713.

Ajoutons enfin que la loi de 1825 donne aux membres de la congrégation éteinte un droit analogue à celui consacré par le décret des 13-19 février 1790, et réglé

______

(1) Il en serait ainsi, alors même qu'il s'agirait d'une *aumône dotale* faite par un membre de la congrégation. (Sirey, 1858, 2, 163.)

par la loi des 20-26 du même mois. La pension alimen-
taire qui leur est accordée se prélève : « 1° sur les biens
acquis à titre onéreux; 2° subsidiairement sur les biens
acquis à titre gratuit, lesquels, dans ce cas, ne feront
retour aux familles des donateurs ou testateurs qu'après
l'extinction desdites pensions. »

Les dispositions que nous venons d'analyser sont trop
exorbitantes du droit commun pour qu'il soit permis de
les appliquer par analogie à d'autres personnes civiles.
Elles ne régissent que les communautés religieuses de
femmes autorisées; et en dehors de cette hypothèse
qu'une loi réglemente avec soin, il faut maintenir rigoureusement la théorie de l'article 713 du Code civil :
« Les biens qui n'ont pas de maître appartiennent à
l'Etat. »

L'article 713 recevra-t-il une application nouvelle dans
le cas où une de ces associations qui ne subsistent que
par la tolérance de l'Etat sera dissoute de gré ou de
force? La réponse négative est indiquée par la nature
même des choses. L'Etat ne pouvant invoquer que le
titre et les droits de successeur irrégulier ne les fera valoir qu'autant qu'une personne cessera d'être sans laisser
de successeurs (1). Or l'arrêt qui frappe l'association
non reconnue n'anéantit pas une personne juridique, il
disperse des individus dont le bon vouloir de l'autorité
tolérait l'agglomération.

Le patrimoine commun composé et augmenté par la
coopération des personnes physiques qui se sont réunies,
leur appartenait par indivis, mais n'appartenait pas à
une personne civile (2). Il se partagera donc entre ses

(1) C. civil, art. 767, 768.
(2) L'impossibilité pour l'association non reconnue d'acquérir et

véritables et seuls propriétaires; il ne s'ouvre aucun droit de succession, puisque personne ne meurt; il s'opère une liquidation, puisqu'une collection de propriétaires par indivis se sépare.

D'ailleurs, chaque membre de l'association peut retirer de la masse les biens qui y figurent sous son nom personnel; ses héritiers pourraient faire réussir la même prétention. La puissance occulte de ces associations de fait n'est donc pas aussi redoutable qu'on pourrait le craindre; car elle n'a pas de fixité assurée. Il est vrai qu'une donation même très-considérable pourra entrer dans la caisse commune, sans qu'une autorisation administrative intervienne; mais, qu'un des membres déclare se retirer comme il en a le droit (1), et retirer en même temps les biens dont il est titulaire, c'est une brèche inévitable qui peut décomposer cette agrégation de fortunes individuelles un instant juxtaposées.

de recevoir, en tant qu'être moral, et la nécessité de constituer un patrimoine pour subvenir aux dépenses de la communauté ont exercé la sagacité des intéressés. L'art. 911 du Code civil s'oppose à toute tentative de donation par personne interposée au profit des congrégations non reconnues. Or les dons et legs leur étant fréquemment adressés, on a cherché un moyen de « tourner la loi sans la violer. » Il consiste à constituer plusieurs membres de l'association légataires conjoints avec droit d'accroissement, en priant le survivant de faire lui-même une pareille institution au profit de plusieurs membres de l'association, pour laisser indéfiniment l'usage de ces biens à la communauté

(1) Sirey, 1858, 2, 145.

DEUXIÈME PARTIE

ÉNUMÉRATION DES PRINCIPALES PERSONNES CIVILES.

Des nombreuses classifications proposées pour mettre un peu de méthode dans l'étude des personnes civiles, nous adopterons celle qui consiste à les diviser en personnes publiques et personnes privées. Les traits nombreux qui caractérisent cette distinction ont été étudiés : reste à dresser la nomenclature des êtres moraux les plus importants.

CHAPITRE PREMIER.

PERSONNES CIVILES PUBLIQUES.

§ I. — *L'Etat et les personnes civiles qui s'y rattachent.*

L'Etat, considéré comme puissance publique, avec ses attributions politiques et constitutionnelles, ne rentre pas dans le cadre de cette étude. Envisagé comme être moral, il occupe la première place, puisque de lui émanent et autour de lui convergent les autres personnes civiles. La personnalité civile ne lui a jamais été contestée.

Comme propriétaire, l'Etat a un double domaine à gérer : domaine public, domaine privé. Les biens qui constituent le premier sont, en raison de leur destination permanente et d'utilité générale, inaliénables et imprescriptibles (1) : ce sont les routes nationales, les cours d'eau navigables ou flottables, les ports, les places fortes, etc., dont l'Etat est plutôt le gardien que le propriétaire, et qui relèvent du droit administratif. Quant aux biens dont il a la propriété privée, comme les lais et relais de la mer, objets sans maître, etc., ils sont aliénables et prescriptibles, mais soumis à certaines règles particulières : l'État, en ce qui concerne les contestations qui y sont relatives, est justiciable des tribunaux ordinaires.

Créancier du montant des impôts, l'Etat a pour en obtenir le paiement, des moyens de poursuite administratifs ou judiciaires, de la plus grande énergie. Créancier de ses comptables, il a sur leurs biens privilége et hypothèque (2).

Enfin, l'Etat peut être débiteur de dettes ordinaires, de bons, de rentes, etc. Mais les voies de la procédure de droit commun ne sont pas ouvertes à ceux qui en sont créanciers.

Depuis que la révolution avait réuni au domaine pu-

(1) Ce principe n'est entré définitivement dans le droit public de la France que par la célèbre ordonnance de Moulins rendue sous Charles IX, en février 1566, sous l'inspiration du chancelier de l'Hospital. (M. de Valroger à son cours. — M. Ducrocq. Traité de droit administratif, 4ᵉ édition.)

(2) Code civil, art. 2098, 2121. — Loi du 5 septembre 1807.

blic les biens de l'Eglise, regardés jadis comme le domaine des pauvres, des actes législatifs créèrent, pour subvenir aux misères, une institution de bienfaisance civile. — Il faut citer comme établissements centraux (1), l'hospice des Quinze-Vingts, l'hospice du Mont-Genèvre, la maison de Charenton, l'institution des jeunes aveugles et celles des sourds-muets de Paris, de Bordeaux et de Chambéry, l'asile de Vincennes, l'asile du Vésinet, créé le 8 mars 1855, pour les ouvriers convalescents ou qui auraient été mutilés pendant le cours de leurs travaux; enfin, l'Orphelinat du Prince impérial, reconnu établissement d'utilité publique par décret du 15 septembre 1856, et ayant pour but de rendre par la voie de l'adoption une famille à des enfants du sexe masculin, orphelins de père et de mère, et résidant dans le département de la Seine.

L'établissement des *Pupilles de la marine* (2), est destiné à donner une assistance particulière aux orphelins des marins : ils y sont élevés et instruits jusqu'à l'âge de 13 ans, et passent alors à l'Ecole des mousses. Le décret du 8 avril 1863, article 2, donne au ministre de la marine le droit d'accepter les dons et legs qui seront faits à cet établissement.

Citons encore la caisse de la dotation de l'armée (3).

(1) Pour chacun de ces grands hospices, il y a un directeur et une commission consultative.

(2) Décret du 15 novembre 1862.

(3) Loi du 26 avril 1855. — Décret du 9 janvier 1856. — M. Ducrocq pense que la personnalité civile n'appartient pas à la Caisse d'amortissement, à la Caisse des dépôts et consignations, à la Caisse des invalides de la marine. Ce sont, à vrai dire des caisses de l'Etat, ou plutôt c'est l'Etat lui-même; elles s'absorbent au point

A l'administration centrale se rattachait, en 1808, le grand corps de l'*Université*, qui jouissait alors du monopole de l'instruction en France. Son caractère de personne civile est consigné dans plusieurs textes importants. L'article 155 du décret du 15 novembre 1811, établit à son profit l'hypothèque légale de l'article 2121 du Code civil; et l'article 137 du décret du 17 mars 1808, l'autorise à recevoir les dons et legs qui lui seront adressés (1).

Cet état de choses a été totalement changé de nos jours. Le corps universitaire n'est plus qu'une grande administration, comme le corps des ponts et chaussées par exemple; la loi de finances du 7 août 1850, abroge l'article 137 du décret précité, et prescrit que les propriétés immobilières et revenus fonciers de l'Université, feront retour au domaine de l'Etat; mais l'article 15 réserve expressément au profit des établissements d'instruction publique, le droit d'acquérir et de posséder. La personnalité civile n'appartient donc plus aujourd'hui qu'aux facultés, lycées, colléges communaux, écoles normales, etc.

L'Institut de France (2) est une personne morale re-

de vue de leur existence juridique dans l'individualité de l'Etat, sauf les règles spéciales à chacune d'elles.

(1) « Le grand-maître pourra être autorisé à accepter, après délibération du Conseil de l'Université, les donations et fondations qui seront faites à l'avenir à l'Université, en observant les formes et conditions prescrites pour les acceptations de donations et legs faits aux communes et aux hospices. » Décret du 15 novembre 1811, art. 175.

(2) LL. 3 brumaire et 15 germinal an IV, 29 messidor an IX.—Ordonn. 21 mars 1824; 26 octobre 1832.—Décret du 12 juillet 1872, qui rapporte le décret du 15 avril 1855.

connue, ainsi que ses cinq académies et l'Académie de médecine (1). Ses ressources se composent des subventions qui lui sont allouées sur les fonds du trésor, et du revenu des fondations par lui acceptées. L'acceptation des dons et legs est faite en vertu d'une délibération de l'Académie, approuvée par décret.

§ II. — *Le département et les personnes civiles qui s'y rattachent.*

L'Assemblée constituante, en supprimant l'ancienne division de la France, pour y substituer la division par départements (2), ne voulut pas conserver à ceux-ci la puissance dont les généralités et les provinces avaient été jadis revêtues : la personnalité leur fut refusée (3).

Mais la distinction établie par les lois du 22 décembre 1789, et du 28 messidor an IV, entre les dépenses de l'Etat et les dépenses départementales, fut le point de départ d'une discussion qui devait aboutir à la reconnaissance de la personnalité. Les départements réclamèrent longtemps contre l'obligation qui leur était imposée d'entretenir à leurs frais les bâtiments de l'Etat affectés aux services départementaux : le chef de l'Etat trancha la difficulté en décrétant, le 9 avril 1811, l'abandon gratuit desdits édifices, au profit des départements

(1) Ord. du 20 déc. 1820.

(2) L. du 22 décembre 1789. — Avant 1789, la France était divisée, au point de vue administratif et financier en 35 *généralités*, ayant chacune à leur tête un intendant.

(3) Le décret des 12-17 avril 1791 attribuait à l'Etat toutes les propriétés, mobilières ou non, appartenant aux ci-devant pays d'Etat, absorbant ainsi dans la personnalité de l'Etat les circonscriptions administratives.

Piébourg.   14

qui en devenaient dès lors propriétaires, et restaient en
cette qualité grevés des charges et réparations y affé-
rentes (1). La question se posa dès lors de savoir si le
département constituait une personne civile : elle ne
fut résolue affirmativement que par la loi du 10 mai
1838, qui règle l'administration de ses biens, lui reconnaît le droit de recevoir des dons et legs, et introduit
un système régulier de représentation en justice. Aujour-
d'hui le département est donc une personne civile, capable de contracter des obligations, d'acquérir, de posséder, d'aliéner et d'ester en justice.

Le patrimoine du département comprend, comme celui
de l'Etat, un domaine public et un domaine privé, le
premier contenant les routes départementales et les
chemins de fer d'intérêt local (2); le second se composant des édifices affectés au service de l'administration,
des cours, tribunaux, instruction publique, prisons;
des meubles formant l'ameublement de ces édifices; des
créances et rentes, et des immeubles non affectés à un
service public, et dont le département recueille les
revenus.

Chaque département est tenu d'entretenir une école
normale primaire, soit par lui-même, soit en se réu-
nissant à un ou plusieurs départements voisins; il doit

(1) Décret du 9 avril 1811. — « ..... Voulant donner une nouvelle marque de notre munificence impériale à nos sujets... notre
Conseil d'Etat entendu, nous avons décrété et décrétons ce qui
suit : Art. 1er. Nous concédons gratuitement aux départements,
arrondissements et communes la pleine propriété des édifices
nationaux actuellement occupés pour le service des cours et tribunaux et de l'instruction publique. »
(2) L. 12 juillet 1865; L. 10 août 1871, art. 59.

de même avoir un établissement public destiné à recevoir et à soigner les aliénés, ou traiter avec un établissement public ou privé, soit du département, soit d'un autre département (1). Ces établissements d'instruction publique et ces hospices départementaux constituent des personnes civiles distinctes du département (2). L'administration en est confiée à un directeur responsable, contrôlé par une commission de surveillance nommée par le préfet.

Le département, en tant qu'on l'envisage comme personne civile, est donc de création toute moderne. L'arrondissement n'est pas encore revêtu de ce caractère, et il est peu probable qu'il le soit jamais, en présence des critiques nombreuses dont cette subdivision administrative et territoriale est l'objet. Théoriquement, il n'y a pas de raison pour refuser à l'arrondissement l'existence légale, car il se compose des mêmes éléments que le département ; mais on compliquerait, en la lui accordant, l'organisation et la comptabilité administratives. Beaucoup de personnes le regardent comme un rouage inutile dans la grande machine de l'administration, tant est restreint le pouvoir du conseil d'arrondissement, tant est effacé le rôle du sous-préfet. A quoi bon reconnaître la capacité d'être propriétaire à l'arrondissement ? Les principaux édifices, comme l'hôtel de la sous-préfecture, appartiennent déjà au département, ainsi que les routes situées sur son territoire.

(1) L. du 28 juin 1833, art. 11 ; L. du 30 juin 1838 ; Ord. du 18 décembre 1839.

(2) Les établissements privés avec lesquels le département traite pour soigner les aliénés ne sont pas des personnes morales.

Le décret de 1811, qui semblait traiter l'arrondissement comme le département, produisait une certaine confusion, que dissipe la loi de 1838 : deux articles du projet de cette loi, particuliers à l'arrondissement, furent en effet rejetés lors de la discussion « afin d'éviter l'inconvénient très-réel de fractionner l'intérêt départemental » (1).

Malgré cette théorie persistante en ce qui touche l'arrondissement, on a cherché, dans ces derniers temps, à en atténuer les conséquences : des conseils généraux ont accepté, au nom du département, des dons et legs adressés aux arrondissements, en se réservant d'affecter le montant de la libéralité aux besoins du donataire véritable. C'est un détour dont on trouvera plus loin un exemple analogue; c'est l'application du principe qu'il faut donner autant que possible satisfaction au désir du disposant.

§ III. — *La commune et les personnes civiles qui s'y rattachent.*

La commune, qui personnalise « l'association d'individus naturellement unis par des intérêts communs, qui naissent de leur rapprochement sur un même point du territoire », apparaît comme le produit d'une idée si naturelle et l'expression d'un besoin si universellement senti, que des auteurs ont pensé qu'elle était plus ancienne que l'Etat, et que son existence n'avait absolument rien d'artificiel. C'est peut-être là une exagération qu'une tradition constante explique sans la justifier; mais, quoi qu'il en puisse être, la personnalité de la com.

(1) Duvergier, 1838, p. 304.

mune existe de longue date, et il suffit de constater que
nul ne la met en doute (1).

Outre ses biens du domaine public, qui échappent à
l'empreinte d'une appropriation privée, la commune est
propriétaire d'un domaine privé se décomposant en deux
éléments : d'une part, les biens *communaux* proprement
dits, abandonnés quant à la jouissance directe aux habitants de la commune; d'autre part, les biens *patrimoniaux*, source de revenu pour la commune qui les loue
ou les afferme au profit de la caisse communale.

Le droit de faire paître ses troupeaux dans les prés
communaux, ou de prendre part aux distributions des
bois d'affouages (2), peut présenter parfois un intérêt
assez considérable pour qu'on détermine exactement qui
a qualité pour participer aux jouissances communales.
Le système bienveillant de la Cour de cassation y admet,
sans distinction de nationalité, quiconque a un domicile
réel dans la commune (3).

Il a toujours été admis par la presque universalité
des auteurs (4), que la commune a sur les biens communaux proprement dits, un droit de propriété exclusif et
absolu; mais les législateurs se sont demandé si la commune n'agirait pas sagement en les partageant entre
ses habitants. La loi du 14 août 1792 avait fait du partage une règle obligatoire, que rendit facultative la loi
du 10 juin 1793; en raison des abus qu'amena cet état

(1) La loi du 10 juin 1793 la définit : « une société de citoyens
unis par des relations locales ».

(2) Code forestier, art. 105.

(3) M. Vuatrin, à son cours.

(4) Proudhon pense que la commune n'a pas la pleine propriété, les habitants ayant un véritable droit d'usage.

de choses, la loi du 21 prairial an IV, et celle du 9 ventôse an XII, en arrêtèrent les effets désastreux. Bien que l'abrogation de la loi de 1793 ne soit écrite formellement dans aucun texte, nous pensons qu'elle n'est plus en vigueur de nos jours.

La création de *sections de commune*, que l'accroissement, le déplacement ou la diminution de la population peut rendre nécessaire, se produit dans l'une de ces hypothèses : soit qu'on réunisse deux communes ensemble, soit qu'on sépare une fraction de commune pour en faire une commune distincte, ou bien pour la réunir à une commune ou à une autre fraction de commune.

A défaut de la représentation des actes ayant opéré les réunions, à quoi reconnaîtra-t-on que telle partie du territoire constitue une section de commune ? Ce sera, dit Proudhon (1), en interrogeant les faits de possession et de jouissance exclusive, qu'on jugera de la légalité de son existence particulière, parce que c'est toujours par la possession qu'on doit juger du droit, quand il n'y a pas de titre. On dira donc qu'il y a section de commune, et non pas communauté indivise, quand la jouissance des biens sera retirée aux habitants qui ont émigré, et concédée à ceux qui sont venus s'établir sur le territoire.

On a vu plus haut qui a qualité pour consommer la modification, et par qui la nouvelle commune est représentée : deux mots maintenant de l'effet de ces réunions ou distractions.

Au point de vue administratif, la section s'absorbe

(1) Proudhon. *Usufruit*, n° 2835.

dans la commune à laquelle elle est réunie. Quant aux changements apportés dans le patrimoine, c'est à l'acte prononçant la modification qu'il faut avant tout s'en référer; que s'il ne s'explique pas à cet égard, on appliquera les règles suivantes (1) :

Deux communes sont-elles réunies en une seule, les biens du domaine public deviennent la propriété de la commune nouvelle; et la jouissance des biens communaux proprement dits est réservée aux habitants qui y avaient droit avant la réunion. — Est-ce une section de commune qui est érigée en commune séparée ou réunie à une autre, elle garde pour elle la propriété des biens communaux qui lui appartenaient exclusivement. Les édifices et les autres immeubles servant à un usage public et situés sur son territoire, deviennent propriété de la nouvelle commune ou de la commune à laquelle est faite la réunion.

Dans la commune fonctionnent plusieurs institutions se rattachant à cette division territoriale, et constituant autant de personnes civiles particulières.

Les hospices et hôpitaux créés pour recueillir et soigner les indigents malades, les vieillards et les infirmes que la commune renferme dans son sein, ont survécu au milieu des suppressions nombreuses opérées par la révolution (2). Des lois de l'an V et de l'an IX ont créé le patrimoine de ces établissements, dont les lois et décrets postérieurs (3) ont réglé la représentation et l'administration.

(1) L. 18 juillet 1837, art. 5, 6, 7.
(2) LL. 23 messidor an II ; 29 pluviôse an V ; 16 vendémiaire an V ; 15 brumaire an IX ; 4 ventôse an IX ; 7 messidor an IX.
(3) L. 7-13 août 1851 ; décret du 23 mars 1852.

A côté de ces maisons hospitalières qui peuvent être communales, départementales ou nationales, il existe des établissements communaux sous le nom de *bureaux de bienfaisance*, dont le but est de distribuer des secours à domicile aux malades, aux infirmes et aux indigents ; du reste les commissions administratives des hospices pourront les aider dans cette mission (1).

La loi du 7 frimaire an V, qui a créé cette institution, lui avait donné un caractère cantonnal ; c'est la loi du 28 pluviôse an VIII, qui en a fait un établissement communal, tel qu'il existe de nos jours (2) : c'est le maire, président de la commission, qui le représente dans les actes de la vie civile.

Ces établissements de bienfaisance, que les édits de 1669 et de 1749 appelaient « les auxiliaires les plus populaires de la charité, » ont été l'objet d'une disposition tout à fait exceptionnelle. Comme il est de l'intérêt des pauvres d'en multiplier le nombre et d'en favoriser la fondation, la loi du 24 juillet 1867 a décidé que la création des bureaux de bienfaisance serait autorisée par les préfets, sur l'avis des conseils municipaux. M. Bonjean, rappelant dans son rapport présenté au Sénat, qu'en principe la personne civile ne peut exister qu'en vertu d'une loi ou d'un décret, ajoute : « c'est la première fois assurément qu'une attribution si haute est dévolue à un simple magistrat local. »

Les salles d'asile, aux termes du décret organique du

(1) L. 7 août 1851, art. 17 ; L. 24 mai 1873 ; art. 7.
(2) La loi du 20 ventôse an V, art. 1, décide que les articles de la loi du 16 vendémiaire an V qui conservent aux hospices civils ceux de leurs biens qui n'ont pas été vendus, sont communs aux établissements formés pour les secours à domicile.

21 mars 1855, « sont des établissements d'éducation, où les enfants des deux sexes reçoivent, de deux à sept ans, les soins que réclame leur développement moral et physique. » Elles dépendent du département de l'instruction publique.

Les monts-de-piété peuvent avoir une existence indépendante ou être simplement des annexes des hospices, comme cela ressort clairement de la lecture des divers actes législatifs qui les concernent (1). Des mesures sont prises pour empêcher de faire « tourner en spéculations privées des établissements qui ne doivent se proposer que la bienfaisance publique » (2). La loi des 24 juin-24 juillet 1851 les a organisés comme établissements d'utilité publique ; et l'article 3, en réglant la composition de leur patrimoine, affirme leur personnalité civile.

§ IV. — *Personnes civiles rentrant dans l'organisation des cultes.*

A. CLERGÉ SÉCULIER.

Il n'existe en France que quatre cultes reconnus : 1° le Culte catholique ; 2° l'Église réformée ou calviniste ; 3° l'Église luthérienne, ou confession d'Augsbourg ; 4° le Culte israélite.

L'agrégation des fidèles nécessite l'érection d'édifices destinés à l'exercice public du culte et la division territoriale du pays en un certain nombre de circonscriptions religieuses.

(1) L. 16 pluviôse an XII ; décret 24 messidor an XII.
(2) Avis du Conseil d'État, 12 juillet 1807.

Les biens des paroisses catholiques sont administrés par les fabriques, rétablies par l'article 76 de la loi du 18 germinal an X; elles veillent à l'entretien des temples, à la distribution des aumônes. Chaque fabrique est composée d'un conseil de cinq ou neuf membres, plus deux membres de droit, et d'un bureau de marguilliers chargé de passer les actes et contrats intéressant la paroisse (1).

Les paroisses du culte protestant sont administrées par un conseil presbytéral sous l'autorité du consistoire. Le consistoire nomme son président parmi les pasteurs qui en font partie; et la validité du choix est subordonnée à l'adhésion du gouvernement. L'ordonnance du 2 avril 1817 indique que les dons et legs seront acceptés par les consistoires.

Les synagogues israélites sont représentées par le consistoire : il ne peut pas en exister plus d'un par département (2).

Les curés ou desservants jouissent, à raison de leur titre, d'un ensemble de biens constituant en quelque sorte la dotation attachée à l'office qu'ils exercent. Pour assurer la conservation de cet ensemble, dont l'administration est confiée aux fabriques (3), on en a fait, sous le nom de *mense curiale*, une personne morale dont les biens sont susceptibles de diminution et d'augmentation, et peuvent être donnés à bail. Le titulaire de la fonction est seulement usufruitier des biens de la cure ou succursale (4).

Le titre II du décret de 1813 contient un ensemble

(1) Décret du 30 décembre 1809, art. 24 à 35.
(2) Ordonnance du 25 mai 1844, art. 10, 64.
(3) Décret du 6 novembre 1813, art. 1.
(4) Décret du 6 novembre 1813, art. 6, 8, 9, 12.

de règles analogues applicables aux évêques et archevêques, qui représentent en cette qualité la *mense épiscopale*, dont les biens se transmettent à la série des
titulaires, qui en jouissent durant l'exercice de leurs
fonctions.

« Le corps de chaque chapitre cathédral ou collégial
aura, quant à l'administration de ses biens, les mêmes
droits et les mêmes obligations qu'un titulaire de biens
de cure », sauf quelques modifications. Le chapitre de
chanoines est cathédral quand il est attaché à une église
métropolitaine; il est collégial quand il siége dans une
ville où il n'y a ni évêque ni archevêque (1).

Les prélats, représentants de leur mense épiscopale,
au nom de laquelle ils agissent et contractent, sont
encore chargés de figurer dans les actes intéressant les
séminaires diocésains, rétablis par les articles organiques
du concordat, et organisés par la loi du 23 ventôse
an XII. C'est ainsi qu'en vertu de l'article 113 du décret
de 1809, ils acceptent les dons faits aux séminaires,
qui constituent des personnes civiles distinctes de la
mense épiscopale.

Il est assez délicat de décider si le diocèse constitue
une personne civile particulière; et les variations que la
jurisprudence a subies sur ce point, montrent encore
une fois combien serait désirable la rédaction d'une loi
générale posant nettement les principes de cette matière.

Des avis du comité de législation du Conseil d'État,
en date du 8 juillet 1840, et des 5, 26 mars, 21 décembre
1841 portent que « les diocèses ne sont que des circonscriptions administratives, et ne constituent pas des

(1) Décret de 1813, art. 49 à 61.

personnes civiles capables de posséder, d'acquérir et de
recevoir; que les libéralités qui leur sont faites ne
peuvent produire leur effet qu'autant qu'elles sont destinées à des établissements diocésains légalement reconnus, auquel cas c'est au nom de ces établissements que
l'autorisation d'accepter lesdites libéralités doit être accordée. »

Depuis cela, de nombreux décrets et ordonnances ont
autorisé les évêques et archevêques à acquérir ou accepter des libéralités en faveur d'intérêts diocésains non
représentés par un établissement reconnu, tels que l'entretien des prêtres auxiliaires, les secours aux prêtres
âgés et infirmes, les retraites paroissiales, l'enseignement religieux de la jeunesse, etc.

Enfin, récemment un avis du Conseil d'État des
29 avril, 7 et 13 mai 1874 a reconnu « que les diocèses
étant capables de posséder, d'acquérir et de recevoir,
les évêques peuvent être autorisés à accepter les libéralités faites à leur diocèse » (1). Cette importante décision, qui transforme en ce point la jurisprudence du
Conseil d'État, s'appuie sur les motifs suivants :

L'article 73 de la loi du 18 germinal an X, et le décret
du 10 thermidor an XIII, donnent à l'évêque le droit
d'accepter des fondations pour l'entretien des ministres
du culte, et de former un fonds de secours à répartir
entre les ecclésiastiques âgés et infirmes. — « L'article 3
de l'ordonnance du 2 avril 1817, qui désigne l'évêque
diocésain pour accepter les legs faits à l'évêché, comprend sous la dénomination d'évêché l'ensemble des

(1) Voir aussi une importante circulaire adressée, le 13 mai 1874,
aux évêques et aux archevêques par le ministre de l'instruction
publique et des cultes.

intérêts exprimés soit dans ladite ordonnance, soit dans les lois antérieures sous les noms d'église, diocèse, mense épiscopale et autres établissements diocésains. » — « Les actes spéciaux qui ont constitué certains établissements diocésains particuliers, n'ont pu avoir pour résultat d'enlever au diocèse sa personnalité, pas plus que les établissements spéciaux institués dans les départements n'effacent la personnalité du département; ces établissements particuliers sont d'ailleurs loin de suffire à tous les intérêts religieux du diocèse. » — Enfin, le Conseil d'État, invoquant la persistance avec laquelle les décrets rendus en conseil d'État ont autorisé les évêques à accepter les libéralités faites en vue d'intérêts généraux de leurs diocèses, est d'avis qu'il importe de renoncer à une doctrine inexacte en droit, et si fréquemment démentie par la pratique.

B. Clergé régulier.

La multiplicité des communautés religieuses sous l'ancien régime, et leur enrichissement produit surtout par les libéralités fréquentes qui leur étaient adressées, ont été depuis longtemps l'objet de nombreuses critiques. Cet envahissement progressif des personnes dites de mainmorte ne laissait pas d'être inquiétant à bien des égards ; on lit dans les anciens chroniqueurs, que « les acquêts des gens d'Église en Flandre croissaient journellement, de sorte que, si l'on n'y prévoyait, ils étaient taillés d'être dans brief espace seigneurs de tout le pays » (1).

Des systèmes successifs de prohibitions diverses restèrent sans grande efficacité ; citons en passant l'édit

____

(1) Ondegherst, ch. 117.

de 1749, pour arriver de suite aux lois révolutionnaires qui, pour remédier à des dangers incontestables, prirent le parti énergique de prohiber en France les vœux monastiques de l'un et de l'autre sexe, et les congrégations séculières et confréries (1). Portalis, dans une phrase demeurée célèbre, déclara « qu'il n'est pas nécessaire à la religion qu'il existe des institutions pareilles. » La haine véritable dont on poursuivait alors les congrégations religieuses était telle, que pas une voix ne s'éleva pour protester contre cette singulière affirmation, et rappeler à l'orateur qu'il n'appartient pas à la loi d'interdire ce qui ressort uniquement du domaine de la conscience. Le législateur avait le droit de retirer à des personnes civiles devenues redoutables la capacité qui en faisait le danger ; il crut pouvoir faire davantage, et, déclarant que les ordres monastiques étaient inutiles à la religion, il ordonna la dissolution des simples agrégations ou associations religieuses.

Toutefois le décret du 3 messidor an XII, tout en confirmant la prohibition, en excepta « les sœurs de Charité, les sœurs Hospitalières, sœurs de Saint-Thomas, sœurs de Saint-Charles, sœurs Vatelottes, » à la condition qu'elles soumissent leurs statuts à l'approbation du Conseil d'État. Du reste, il est admis que, depuis le Concordat de germinal an X, un décret pouvait autoriser l'établissement des congrégations ; ainsi : 1° le décret du 18 février 1809 rétablit d'une manière générale les congrégations hospitalières de femmes desservant les hospices ou portant des secours aux pauvres ; 2° la congrégation des Lazaristes ou prêtres des Missions étrangères, fut autorisée par dé-

(1) LL. 13-19 février 1790 ; 18 août 1792.

cret du 7 prairial an XII (1); 3° la congrégation des Frères de la Doctrine chrétienne a été reconnue dans le décret du 17 mars 1808, organisant l'Université (2).

Vinrent les lois du 2 janvier 1817 et du 24 mai 1825 (3), ouvrant aux congrégations religieuses de femmes la possibilité d'obtenir la concession de la personnalité civile, en vertu d'une loi ou d'une ordonnance, selon les distinctions déjà mentionnées. Quant aux congrégations religieuses d'hommes, elles restent soumises aux lois de suppression de la Révolution : ainsi les Jésuites, les Chartreux, les Dominicains, etc., ne subsistent en France que par la tolérance du gouvernement. Quant à l'exception créée au profit des Frères des écoles chrétiennes, elle répare avec raison la suppression décrétée par l'Assemblée nationale « considérant qu'un État vraiment libre ne doit souffrir dans son sein aucune corporation, pas même celles qui vouées à l'enseignement public, *ont bien mérité de la patrie.* » La simple lecture de ce considérant ne fait-elle pas ressortir tout le ridicule de la décision qu'il sert à motiver ?

Les congrégations religieuses reconnues constituent, à titre d'établissements d'utilité publique, des personnes civiles capables d'acquérir à titre gratuit ou onéreux, d'aliéner, et d'ester en justice.

La nécessité d'une autorisation de l'État est motivée en grande partie sur la crainte de laisser se multiplier, au profit d'établissements de main-morte des libéralités

(1) Voir aussi les ordonnances du 2 mars 1815 et du 7 février 1816.

(2) Voir aussi l'ordonn. du 29 février 1816, art. 36, et la loi du 15 mars 1850, art. 31 et 34.

(3) Ajouter le décret du 31 janvier 1852.

adressées par des donateurs au détriment de leur famille légitime. Qu'une donation soit adressée à une congrégation non reconnue, l'acceptation qu'elle en ferait serait radicalement nulle ; et la répétition en serait efficacement poursuivie par les donateurs (1). Le Tribunal de la Seine a cependant admis une décision contraire, le 3 avril 1857 (2) ; il opposa à la demanderesse une fin de non-recevoir fondée sur ce qu'une communauté non reconnue n'ayant pas d'existence civile, ne pouvait pas être admise à exercer une action en justice, et que réciproquement aucune action ne pouvait être utilement intentée contre elle. Il nous est impossible de souscrire à cette singulière argumentation ; car il serait de la plus grande iniquité qu'une association pût exciper de sa situation illégale pour se soustraire à l'exécution de ses obligations. La Cour de Paris, par arrêt du 8 mars 1858 a infirmé la sentence des premiers juges, conformément aux conclusions remarquables du ministère public (3).

Il est vrai que les congrégations non reconnues n'ont pas de représentant légal qu'on puisse poursuivre ; mais on agira contre ceux qui la dirigent en fait, ou contre ceux de leurs membres par l'intermédiaire desquels elles se sont illégalement enrichies. La qualité de ces personnes n'ayant aucun caractère légal ni officiel est laissée à l'appréciation des tribunaux.

(1) Cassation, 15 décembre 1856 ; Toulouse, 4 février 1857 ; Orléans, 30 mai 1857 ; Angers, 23 février 1859.

(2) Affaire de la marquise de Guerry contre les membres ou directeurs de la communauté de Picpus, non reconnue. — Sirey, 57, II, 481.

(3) Sirey, 1858, II, 145.

§ V. — *Etablissements d'utilité publique.*

Les diverses personnes civiles qui viennent d'être énumérées (1), soit qu'elles touchent directement à l'organisation de l'Etat; soit qu'elles se rattachent à l'administration locale, comme les hospices communaux ou départementaux; soit qu'elles aient été instituées comme les fabriques et consistoires pour le service du culte, ont reçu à raison de leur situation même, le titre d'*établissements publics*.

Quant aux institutions reconnues par l'Etat, et qui restent en dehors de l'administration, c'est sous le nom *d'établissements d'utilité publique* qu'elles sont désignées dans les décrets d'autorisation. En raison du concours indirect qu'elles prêtent à l'Etat par le but moral qu'elles poursuivent, elles obtiennent, avec le titre d'établissements d'utilité publique, la personnalité et la capacité qui facilitent leur développement: c'est un décret rendu en Conseil d'Etat qui les leur concède en général.

Citons, comme exemples d'établissements d'utilité publique, ces nombreuses associations littéraires, artistiques et scientifiques qui ont pris en les derniers temps une si grande extension, les sociétés amicales, les sociétés d'agriculture et d'horticulture, la société des antiquaires de France (2); la société d'encouragement à l'épargne (3); les sociétés de charité maternelle (4); la caisse des retraites ou rentes viagères pour la vieil-

(1) Sauf les monts-de-piété et les congrégations religieuses.
(2) Décret du 4 septembre 1852.
(3) Décret du 24 juin 1852.
(4) Décrets du 25 juillet 1811 et 2 février 1853.

Piébourg.   15

lesse (1); et tant d'autres qui ont pour but de répandre la charité sous des formes variées, ou de développer l'intelligence par la diffusion des connaissances diverses.

Les sociétés de secours mutuels qui ont pour but « d'assurer des secours temporaires aux sociétaires malades, blessés ou infirmes, et de pourvoir à leurs frais funéraires, » ont quelque trait de ressemblance avec les *sodalicia funeraticia* de Rome. Indépendamment des sociétés libres, régies par leurs statuts dans les termes du droit commun applicable aux sociétés et aux réunions, il existe deux sortes de sociétés de secours mutuels : les unes, reconnues établissements d'utilité publique (2) ; les autres, simplement approuvées par le préfet (3), après avis du conseil municipal. Ces dernières ont une capacité restreinte ; car elles ont simplement la faculté de prendre des immeubles à bail, de posséder des objets mobiliers, et de recevoir avec autorisation du préfet, des dons et legs ne dépassant pas 5,000 francs.

Les caisses d'épargne, créées dans le but de procurer la gestion gratuite des pécules qui leur sont spontanément confiés, et de répandre des habitudes d'ordre et d'économie, apparurent à l'origine avec le caractère d'institutions privées que l'État assimila en plusieurs points aux établissements d'utilité publique (4). Aujourd'hui elles ne peuvent plus êtres fondées comme sociétés anonymes par des particuliers. L'extension considérable de cette institution a conduit le législateur dans une voie d'organisation spéciale en ce qui les concerne ; leur

(1) L. 15 juin 1850 ; L. 12 juin 1861.
(2) L. 15-20 juillet 1850.
(3) Décret du 26 mars 1852.
(4) M. Lamache. Revue crit., 1861.

création n'est admise que sur la demande des conseils municipaux : de plus la commune où on les crée est tenue de leur fournir gratuitement un local (1). Pour prévenir les trop grandes divergences que pourrait apporter entre les caisses d'épargne l'adoption de statuts différents, le Conseil d'Etat exige que la rédaction en soit faite en termes concis et presque traditionnels.

Cette tendance à l'unité, et le souci croissant que l'Etat a pris des caisses d'épargne, ont fait surgir la question de savoir si elles ne constituent pas des établissements publics proprement dits. Les partisans de l'affirmative ont allégué que le gouvernement appliquait à cette institution un mode de surveillance qu'on ne rencontrait que dans les établissements publics : ainsi, tous les ans, le Corps législatif examine la situation et les opérations de la caisse d'épargne ; elle ne peut accepter de dons et legs qu'avec l'autorisation de l'Etat ; les caissiers sont sous la surveillance des receveurs et inspecteurs de finance, etc. D'autre part, plusieurs immunités leur sont accordées : leurs registres et livrets sont exempts des droits de timbre ; les articles 561 et 569 du Code de procédure sont applicables aux fonds déposés à la caisse d'épargne (2). Enfin, si le titre d'établissement public convient aux êtres fictifs dont le but est l'accomplissement d'un service public, les caisses d'épargne répondent à cette donnée : n'est-ce pas servir un intérêt général de la dernière importance que de rendre les citoyens prévoyants par la diffusion des habitudes d'ordre et d'économie ? Or, tel

(1) LL. 5 juin 1835 ; 31 mars 1837 ; 22 juin 1845 ; décrets 20 mars 1852, 15 avril 1852, 7 mai 1853.

(2) L. 5 juin 1835, art. 9-11.

est le but que les caisses d'épargne poursuivent gratuitement.

Ce dernier argument prouverait trop, s'il prouvait quelque chose. Il faudrait, du même coup, donner le nom
d'établissements publics aux sociétés savantes, littéraires et artistiques, qui forment l'intelligence par la
culture du vrai et du beau ; aux associations amicales et
de secours mutuels, dont l'idée dirigeante et les applications ne peuvent que moraliser. En outre, tous les raisonnements ne sauraient prévaloir contre les nombreux
décrets qui reconnaissent formellement ces sociétés
comme établissements d'utilité publique ; et tel est, dans
un texte capital, le nom sous lequel la caisse d'épargne
est désignée : « Les caisses d'épargne pourront, dans les
formes et selon les règles prescrites pour les établissements d'utilité publique, recevoir les dons et legs qui
seront faits en leur faveur » (1). Les considérations suivantes nous confirment dans le sens de cette doctrine : la
nomination du personnel des caisses d'épargne ne relève
pas du chef de l'Etat, mais bien des directeurs, nommés
eux-mêmes par l'association privée ou communale, qui
a fondé la caisse ; et l'uniformité qui fait un des caractères de l'administration ne préside pas à l'organisation
des diverses caisses d'épargne. Les caissiers ne sont pas
justiciables de la Cour des comptes, du ministre, ni du
conseil de préfecture, et c'est encore un côté saillant
par lequel la caisse d'épargne diffère des établissements
publics (2) : c'est devant l'autorité judiciaire que seraient portées les difficultés naissant sur la gestion des
comptables.

(1) L. 5-9 juin 1835, art. 10.
(2) Ordonn. 31 mai 1838, art. 514.

L'intérêt de cette discussion n'est pas purement théorique ; mais ce qui rend plus difficile le choix d'une solution, c'est la confusion jetée jusque dans la loi, par les
nombreux points de ressemblance qui relient ces deux
classes d'établissements (1) : leurs différences sont multiples, et c'est par là que la question entre dans le domaine de la pratique. Malheureusement, les sentiments
se partagent, de toute nécessité, sur les conséquences
comme sur le point de départ ; c'est dans notre troisième
partie que nous toucherons un mot de chacune d'elles ;
pour le moment, il suffit de poser simplement des conclusions pour mettre plus d'unité dans l'exposition du
sujet :

1° L'hypothèque légale de l'article 2121 que le Code
civil donne aux établissements publics, sur les biens de
leurs receveurs et administrateurs comptables, n'appartient pas aux établissements d'utilité publique (2).

2° Les établissements d'utilité publique peuvent plaider sans autorisation du conseil de préfecture (3).

3° L'article 2045 du Code civil ne s'applique pas aux
établissements d'utilité publique.

4° Ils ne sont soumis, pour acquérir ou aliéner, à l'autorisation du conseil de préfecture que si une disposition
expresse de leurs statuts ou d'une loi les y soumet.

(1) Ainsi l'art. 910 s'applique certainement aux établissements
publics dont il ne parle pourtant pas. La loi du 20 février 1849
n'emploie que le terme «établissements publics ».

(2) Arrêt de cassation du 8 juillet 1856 spécial aux caisses d'épargne. Sirey, 1856, I, 517 ; 1856, I, 878.

(3) Arg., art. 1032, proc. — Cass., 3 avril 1854 ; — 5 mars 1856 ;
— Riom, 3 juillet 1854.

§ VI. — *Compagnies d'officiers ministériels, etc.*

Les colléges d'avocats et les compagnies d'officiers ministériels, disent MM. Aubry et Rau (1), sont des personnes morales parce qu'elles « forment de véritables corporations instituées et organisées par la loi. »

Malgré l'autorité de ces jurisconsultes considérables, la raison qu'ils donnent de leur décision n'est pas pleinement satisfaisante (2): aucun texte, en effet, ne range ces compagnies dans une catégorie quelconque d'établissements publics ou d'utilité publique, et la loi organique du 25 ventôse an XI, sur le notariat, dit simplement des chambres de notaires, qu'il sera donné un règlement pour leur discipline intérieure (3). Or, rien dans l'arrêté du 2 nivôse an XII, ni dans l'ordonnance du 4 janvier 1843, ne laisse soupçonner la personnalité des chambres d'officiers ministériels; quant à la bourse commune, elle n'a été instituée que pour faire face aux dépenses courantes, à l'achat des objets nécessaires pour les réunions, etc. L'idée évidente qui se dégage des divers documents relatifs aux chambres de notaires, c'est qu'ils sont, selon l'expression de Favard, « une sorte de tribunal de famille créé en faveur de ces fonctionnaires. »

On conçoit, du reste, que si la loi de ventôse an XI n'a pas voulu leur concéder la personnalité juridique, les actes d'exécution qu'elle annonçait n'auraient pas pu, sans excès de pouvoir, les en investir.

(1) MM. Aubry et Rau, 4e édition, § 54.
(2) Voir la Revue pratique, 1857.
(3) Décret du 25 ventôse an XI, art. 50.

Le passage suivant de Pothier (1) a donc encore toute son actualité : « Comme il y a des corps qui n'ont pas de biens, comme sont les compagnies d'officiers de judicature ou de finance, comme sont les corps de métiers, etc., lorsque ces corps font des emprunts, les créanciers ne se contentent pas de l'obligation du corps ; ils font intervenir au contrat tous les membres, pour qu'ils s'obligent tous, tant en corps que chacun d'eux en particulier. »

CHAPITRE II.

PERSONNES CIVILES PRIVÉES.

Cette rubrique comprendra les sociétés commerciales et certaines sociétés civiles.

§ 1. — *Sociétés commerciales.*

La loi reconnaît trois espèces de sociétés commerciales : la société en nom collectif, la société en commandite, la société anonyme (2). Leur personnalité juridique résulte jusqu'à l'évidence des articles 529 du Code civil, et 69 du Code de procédure (3).

(1) Traité des personnes, titre VII.
(2) Code de commerce, art. 19.
(3) Quant à l'association en participation reconnue par l'art. 47 du Code de commerce, elle n'a pas la personnalité civile. La Cour de cassation, qui l'a fréquemment décidé, se fonde sur ce qu'elle n'est pas entourée des garanties de publicité auxquelles

Le premier indique que les « actions ou intérêts dans les compagnies de finance, de commerce et d'industrie,» sont meubles, «encore que des immeubles dépendant de ces entreprises appartiennent aux compagnies. » Or, pour qu'il en soit ainsi, il faut, de toute nécessité, que la propriété de ces immeubles repose sur la tête d'un être idéal, la société, et non pas sur celle des associés. Du reste, comme les associés recueillent le fonds social après la dissolution de la société, leur droit devient à ce moment immobilier, ainsi que l'indique la fin de l'article 529.

La société commerciale, reconnue propriétaire par le Code civil, est habilitée par l'article 69 du Code de procédure à soutenir un procès (1): « Les sociétés de commerce sont assignées, tant qu'elles existent, en leur maison sociale; et, s'il n'y en a pas, en la personne ou au domicile de l'un des associés.» Or, ces termes, déjà si précis, augmentent encore d'énergie, si on les compare à l'article du projet primitif de Code de procédure, ainsi conçu : « Seront assignés..... les associés et intéressés dans une maison de commerce, en leur maison de commerce..... » Cet article fut modifié sur l'observation que le mot *intéressés* ne devait pas y figurer, attendu qu'ils « ne sont pas censés connus du public, et que la loi ne peut avoir en vue que les assignations à donner à une

sont soumises les autres sociétés de commerce. — Sirey, 1834, I, 603 ; 1838, I, 343.

(1) Il est à remarquer que les traits principaux de la personnalité civile dans notre droit moderne sont ceux que Gaius gravait d'une façon si formelle dans son Commentaire sur l'Edit : « Proprium est habere res communes, arcam communem, et actorem sive syndicum. » L. 1, § 1, Dig. III, 4.

société considérée comme être moral et collectif» (1).

La personnalité des sociétés commerciales est donc certaine ; en voici une série de conséquences :

1° L'être moral étant propriétaire exclusif du fonds social, l'hypothèque légale de la femme ou du pupille d'un associé ne portera pas sur ce patrimoine (2).

2° Les créanciers de la société se feront payer sur le fonds social, sans avoir à subir le concours des créanciers personnels des associés.

3° La société est représentée en justice, en demandant ou en défendant par son gérant, sans que les associés aient à intervenir.

4° Les débiteurs de la société ne peuvent pas lui opposer en compensation les sommes que les associés leur doivent personnellement.

5° Les sociétés commerciales peuvent être déclarées en faillite (3).

Ce principe et ces conséquences s'appliquent aux trois genres de sociétés commerciales reconnues par le Code de commerce. Deux mots seulement sur le caractère de chacune d'elles.

La société en nom collectif, ajoutant à sa responsabilité la responsabilité de ses membres, jouit du crédit qui s'attache à toute garantie sérieuse. La solidarité rigoureuse qui lie les associés l'un à l'autre implique entre eux une confiance réciproque qui en restreint nécessairement le nombre ; aussi ne peut-elle convenir qu'à des entreprises relativement modestes. Enfin, la multiplicité des événements qui peuvent en entraîner la dissolution lui

(1) Locré. Lég. civ., art. 65 du projet.
(2) Sirey, 1831, 1, 202.
(3) Code de commerce, art. 438.

enlève la sécurité du lendemain ; car elle se dissou¹
par la mort, la faillite, l'interdiction d'un quelconque des
associés (1).

Tout autre est le caractère de la société anonyme :
l'élément personnel en est exclu ; elle agit sur de grandes
masses de capitaux, et non pas sur le crédit de ses membres ; chaque associé ne s'oblige que jusqu'à concurrence de son apport. Les actionnaires se succèdent sans
se connaître, et souvent le titre qui consacre leurs droits
peut être transmis de la main à la main.

Dans la société en commandite sont combinés les deux
éléments qui président aux sociétés en nom collectif
d'une part, et aux sociétés anonymes de l'autre. Les
commandités sont solidairement et indéfiniment responsables, tandis que les commanditaires jouent le rôle de
simples bailleurs de fonds. C'est sur cette société que le
commerce et l'industrie ont vécu pendant des siècles :
elle offrait au capitaliste le moyen de faire valoir ses
fonds sans exercer le commerce, regardé comme une
dérogeance.

<h2 style="text-align:center">§ II. — Sociétés civiles.</h2>

La question de savoir si les sociétés civiles constituent
des personnes juridiques a été trop souvent agitée et
offre des intérêts trop sérieux pour que nous la passions
sous silence. Mais, avant d'entrer dans une discussion
théorique, il faut indiquer trois types de sociétés civiles,
que les lois ont retirés de la controverse en leur concédant la personnalité.

---

(1) M. Beudant. Revue critique, année 1867.

I. L'*association syndicale* est une réunion de propriétaires organisée pour exécuter en commun des travaux à la dépense desquels chacun contribue en raison de l'avantage qu'il en retire. Depuis la Révolution, plusieurs lois (1) se sont occupées de ces sociétés, dont l'application est fort ancienne et l'utilité incontestable. Mais, jusqu'en 1865, il n'existait pas de réglementation générale sur ces associations volontaires, dont le nombre, à cette époque, s'élevait à 2,475 (2).

La loi du 21 juin 1865 a comblé cette lacune et consacré la personnalité de ces associations, qu'elles soient *libres* ou *autorisées*, et dont le but est, d'une façon générale, la réalisation d'une amélioration agricole. Toutefois, le droit d'acquérir, vendre, échanger, transiger, plaider et d'être représentées en tant qu'êtres moraux par des syndics, n'appartient aux associations syndicales *libres* qu'à la condition expresse de faire publier un extrait de l'acte d'association spécifiant le but de l'entreprise, réglant le mode d'administration de la société et fixant les limites du mandat confié aux administrateurs ou syndics (3). L'art. 12 prescrit un mode de publicité analogue pour les associations *autorisées*, c'est-à-dire se constituant avec l'intervention de l'autorité administrative, et pouvant se former sans le consentement unanime de tous les intéressés.

---

(1) Loi du 14 floréal an XI, relative au curage des canaux et rivières non navigables et à l'entretien des digues qui y correspondent. — Loi du 16 septembre 1807, relative aux dessèchements de marais, etc. — Loi du 10 juin 1854 sur le libre écoulement des eaux provenant du drainage.

(2) M. Vuatrin, à son cours.

(3) Loi du 21 juin 1865, art. 6.

II. Les sociétés dites *à capital variable*, créées par la loi du 24 juillet 1867, constituent des personnes civiles (1). L'art. 53 est ainsi conçu : « La société, quelle que soit sa forme, sera valablement représentée en justice par ses administrateurs. »

III. L'exploitation des mines n'étant pas un commerce, les sociétés fondées pour mener à fin une pareille entreprise, qui exige presque toujours des avances de fonds importants, et un concours de forces considérables, sont des sociétés civiles (2). D'ailleurs, l'art. 8 de la loi du 21 avril 1810, consacre leur personnalité en leur appliquant l'art. 529 du Code civil.

En dehors de ces trois exceptions, la personnalité juridique appartient-elle aux sociétés civiles? Deux doctrines diamétralement opposées ont été soutenues vigoureusement et comptent l'une et l'autre pour défenseurs les noms les plus autorisés dans la science (3). Après examen des arguments proposés des deux côtés, nous nous arrêtons à la théorie de la non-personnalité des sociétés civiles.

M. Thiry, dans un remarquable article de la *Revue critique*, a réfuté d'une façon péremptoire les arguments qu'on prétend tirer du droit romain en faveur de la personnalité des sociétés civiles, et a établi que les anciens auteurs, fidèles à la tradition romaine, ne voyaient dans

(1) M. Rataud, à son cours.

(2) Loi du 21 avril 1810, art. 31, 32.

(3) Voir en sens divers : MM. Demante, t. II, n° 357 ; — P. Pont, Des sociétés civiles, p. 94 ; — Vincens, Législ. commerc., t. I, p. 297 ; — Thiry, Revue critique, t. V, p. 412 ; — Duranton, Contrat de société, n° 334 ; — Championnière et Rigaud, Traité du droit d'enregistrement, n° 2743.

la société civile qu'un contrat (1). Dès lors, si le Code civil avait renoncé à cette théorie de tout temps admise, et consacré des principes absolument opposés, les travaux préparatoires porteraient la trace d'une lutte qu'eût rendue inévitable le projet d'une si considérable innovation. Or, il n'en est rien ; pas une ligne dans le Code, pas un mot dans la discussion n'accuse l'introduction d'un nouveau système. Bien plus, les deux articles sur lesquels on fonde la personnalité des sociétés commerciales contiennent aussi la preuve que cette prérogative n'appartient pas à la société civile.

Pourquoi donc, en effet, l'art. 69 du Code de procédure, dont la rédaction primitive a subi une importante retouche déjà signalée, ne parle-t-il que des sociétés de commerce ? L'argument *a contrario*, qui se dégage de ses termes, n'est-il pas concluant ? Il eût été facile d'ajouter à l'énumération contenue dans cet article un numéro spécial à la société civile, et de l'assimiler à la société de commerce ; le Code de procédure a, par son silence, tranché la question dans le sens que nous proposons.

C'est encore un argument *a contrario* que fournit l'article 529 du Code civil (2), consacrant le droit de propriété des sociétés « de finance, de commerce et d'industrie. » On a prétendu cependant que l'expression « compagnie d'industrie » n'indiquait pas dans l'esprit

(1) Pothier, Contrat de société, n°s 2, 3, 87, 89, 179 ; — Domat, Droit public, liv. 1, t. XV, sect. 2, n° 1 ; — D'Argentré, sur l'art. 46 de la coutume de Bretagne, n° 37.

(2) La valeur de l'argument *a contrario* est quelquefois contestable ; mais il est probant quand, partant d'une situation exceptionnelle, il fait rentrer dans le droit commun. Or tel est ici le cas ; l'exception, c'est la concession de la capacité juridique à un être fictif.

de la loi une société commerciale, puisqu'elle jugeait à propos de la dénommer spécialement à côté de la compagnie de commerce. Cet argument singulier ne peut pas toucher des esprits non prévenus ; si on l'acceptait, la société de finance, troisième terme de l'énumération de l'art. 529, serait aussi une société civile ; or, la loi entend évidemment parler ici de ces compagnies dont le but est l'accomplissement des opérations de banque, qualifiées par notre législation d'actes de commerce.

D'ailleurs, quel besoin la loi du 21 avril 1810 aurait-elle eu d'appliquer l'art. 529 du Code aux associations fondées pour l'exploitation des mines, si toutes les sociétés civiles eussent constitué des personnes juridiques ? La disposition particulière n'aurait eu aucun sens utile si le principe général avait préexisté : la règle spéciale de la loi de 1810 emporte la négation de la personnalité des autres sociétés civiles.

Vainement invoquera-t-on quelques articles du Code civil (1), où la *société* est mise en opposition avec les *associés ;* nous répondrons que le Code a employé une expression concise, dans le seul but de faciliter l'exposé des principes, et dont on aurait tort de se prévaloir pour en induire toute une théorie. D'ailleurs, Pothier, dont le traité de la Société est un long démenti à la doctrine que nous combattons, use des mêmes expressions : elles ne sauraient donc pas tirer à conséquence, si on observe que la plupart des articles allégués sont presque copiés dans Pothier lui-même.

L'art. 1860, où nos adversaires puisent un de leurs plus sérieux arguments, s'explique facilement par le

(1) Art. 1845, 1846, 1852, 1859, 1860.

souvenir d'une loi romaine dont il proscrit la disposition. La loi 68, au Digeste *Pro socio*, permettait à un
associé quelconque d'aliéner sa part d'une chose commune, si essentielle qu'elle pût être à la société : conséquence rigoureusement logique de la non-personnalité
des sociétés civiles. Or, tout en maintenant le principe
romain, le Code civil ne l'a pas suivi dans ses conséquences extrêmes. Il a cru devoir mettre un frein à
l'exercice d'une liberté dont les associés pourraient user
d'une façon intempestive et contraire au but envisagé
dans le contrat. C'est aussi par cette considération que
s'expliquent bon nombre d'articles du Code : il faut avant
tout assurer la bonne gestion des affaires communes, et
empêcher les associés d'entraver à leur gré l'action générale.

Des auteurs auxquels cette doctrine semble trop restrictive, mais qui ne trouvent cependant pas dans la
volonté des associés une garantie suffisante pour constituer des personnes civiles, ont proposé (1) le système
suivant :

L'assimilation des sociétés civiles aux sociétés commerciales, au point de vue qui nous occupe, offrirait des
avantages qu'il est impossible de nier. Or, si ces dernières peuvent se constituer avec la personnalité civile
sans l'intervention de l'Etat, c'est que le système de
publicité dont elles sont entourées prévient les fraudes
et les méprises que favoriserait au contraire le caractère
occulte des sociétés civiles. Et cela est si vrai que, dans
trois cas relatifs à des sociétés civiles particulières (2),

(1) M. Rataud, à son cours.
(2) Loi du 21 avril 1810 ; loi du 21 juin 1865 ; loi du 24 juillet 1867.

la publicité et la personnalité se tiennent comme la cause et l'effet. Dès lors, n'est-il pas naturel d'admettre que les sociétés civiles constituent des personnes morales, quand elles ont été entourées d'une publicité suffisante?

Cette doctrine est assurément séduisante au premier abord; mais on n'y doit cependant voir que l'exposition de vues théoriques sur la matière, et non pas l'expression de la législation actuelle. Envisagé même au point de vue purement spéculatif, le système en question est discutable; mais nous serions assez disposé à l'admettre. Peut-être pourrait-on, par la concession de la personnalité, ouvrir un champ d'activité plus libre et plus sûr aux associations civiles, à la condition qu'elles fissent approuver leurs statuts, leur but, les voies et moyens qu'elles se proposent de suivre dans la réalisation de leurs projets, par le Conseil d'Etat, le préfet ou l'autorité judiciaire. Ce serait une idée à mûrir et une organisation à créer; mais, dans l'état actuel des lois, nous maintenons, comme étant seule en vigueur, la théorie qui refuse aux sociétés civiles la personnalité juridique.

TROISIÈME PARTIE

DROITS DES PERSONNES CIVILES.

Si la théorie générale exposée précédemment sur la condition des personnes civiles est bien fondée, il reste acquis qu'elles ont en principe une capacité absolue dans la sphère que leur assigne leur but autorisé. Dès lors, les articles des différents codes qui s'y réfèrent rentrent dans l'économie de ce système d'ensemble, en consacrant quelques-uns de leurs droits, ou en en réglementant l'exercice. Le plus souvent, ils poseront simplement une règle, et renverront pour les détails aux lois administratives.

Relever dans les Codes les textes épars qui traitent des droits des personnes civiles et en donner un rapide aperçu, tel sera le sujet de cette troisième partie. Cette analyse servira en quelque sorte de complément et d'appendice à la théorie générale sur la capacité. Il sera, bien entendu, impossible de pénétrer dans le détail de toutes les lois administratives rentrant dans notre cadre, et nous nous bornerons parfois à une sèche nomenclature ; mais là n'est pas l'intérêt du sujet : ce qu'il importe, et ce qu'il suffit de mettre en lumière, ce sont les points saillants qui sont communs aux personnes civiles, et qui les distinguent pratiquement des personnes naturelles.

CHAPITRE PREMIER.

DROIT CIVIL.

§ I. — *Propriété.*

Le droit de propriété des personnes civiles est trop formellement écrit dans de nombreuses lois pour qu'il soit nécessaire d'insister sur le principe. Ce qu'il faut simplement faire remarquer, ce sont les traits généraux qui, dans l'application, séparent cette propriété de celle des individus physiques.

« Les biens, dit l'art. 537, qui n'appartiennent pas à des particuliers, sont administrés et ne peuvent être aliénés que dans les formes et suivant les règles qui leur sont particulières. »

Les lois antérieures ou postérieures au Code, auxquelles il est fait allusion dans le texte que nous venons de citer, sont conçues dans un esprit favorable à la personne civile : on la regarde comme un mineur dont il faut protéger les droits. Ainsi, les biens de l'Etat ne peuvent pas être gérés directement par ses agents ; en ordonnant de les affermer (1), le législateur a cru assurer ainsi une surveillance réelle, éviter des abus, et faciliter la gestion

1) L. 28 octobre-5 novembre 1790.

des biens de l'Etat par la division des exploitations. Quant à l'aliénation des biens domaniaux, elle n'est pos- sible, aux termes de l'article 8 de la loi des 22 novembre et 1ᵉʳ décembre 1790, qu'en vertu d'une loi; mais le gouvernement a reçu une délégation générale à l'effet de procéder à la mise en vente des biens domaniaux, sauf en ce qui touche les forêts de l'Etat (1). La loi du 1ᵉʳ juin 1864 a donné à cet égard, au chef de l'Etat, un pouvoir propre, quand l'immeuble qu'il s'agit de vendre n'a pas une valeur supérieure à un million.

Quant à l'administration des propriétés départemen- tales, aux baux des biens donnés à bail ou à ferme, ils sont l'objet d'une délibération définitive du conseil géné- ral : la tutelle administrative s'efface complètement dans ce cas (2). Le conseil général statue aussi définitivement sur l'aliénation des biens du département, sauf pour le chef de l'Etat la faculté d'annuler la décision dans un délai déterminé, et pour des motifs variant suivant l'im- portance du bien dont l'aliénation est projetée (3).

Les conditions des baux des biens patrimoniaux de la commune, quand ils ne dépassent pas dix-huit ans, sont arrêtées par le conseil municipal, et sa délibération est exécutoire par elle-même, si, dans un délai déterminé, le préfet ne l'a pas annulée soit d'office pour violation d'une disposition de loi ou d'un règlement d'administration publique, soit sur la réclamation de toute partie intéres- sée (4). L'aliénation des biens des communes ne peut être réalisée par le maire que sur la délibération du

(1) L. 22 novembre—1ᵉʳ décembre 1790, art. 12.
(2) L. 18 juillet 1866, art. 1 ; L. 10 août 1871, art. 46.
(3) L. 10 août 1871, art. 46, § 1 ; 47 ; 47, § 1 ; 49.
(4) L. 18 juillet 1837, art. 18 ; L. 24 juillet 1867, art. 1 et 6.

conseil municipal, et après que le préfet en a autorisé l'exécution (1). Toutefois, la délibération du conseil est dispensée de l'approbationpréfectorale dans un cas spécial visé à l'article 1, § 1, de la loi du 24 juillet 1867.

La délibération de la commission administrative sur les baux des biens des hospices a la même valeur que celle du conseil municipal sur ceux de la commune (2). Le conseil municipal est appelé à donner son avis sur les aliénations projetées par la commission administrative ; cet avis doit être conforme dans le cas où il s'agit de l'aliénation des immeubles formant la dotation des hospices : il faut donc un triple assentiment, car le préfet donne aussi son approbation.

Les maisons et biens ruraux appartenant à la fabrique seront affermés, régis et administrés par le bureau des marguilliers dans la forme déterminée pour les biens communaux. Ils ne pourront être vendus, aliénés, échangés, sans une délibération du conseil, l'avis de l'évêque, et l'autorisation du gouvernement (3).

Une fois la décision prise par l'autorité délibérante, c'est au représentant chargé de l'exécution qu'il appartient de passer l'acte de bail : il ne peut, en général, avoir lieu que par adjudication, avec publicité et concurrence ; et dans tous les cas, quelle qu'en soit la durée, il n'est exécutoire qu'après approbation du préfet (4). La vente

(1) Déc. 13 avril 1861, tableau A, 48°.
(2) L. 7-13 août 1851, art. 8.
(3) Décr. 30 décembre 1809, art. 60, 63 ; ordonn. 14 janvier 1831, art. 1, 2.
(4) L. 18 juillet 1837, art. 47 ; décr. 13 avril 1861, tableau A, n° 4, 51 ; décr. 6 novembre 1813, art. 9.

est faite aux enchères publiques : et des dispositions particulières en règlent les détails pour les diverses personnes civiles.

L'aliénation des biens des personnes civiles sera plus rare que celle des biens appartenant à des particuliers; en outre, la mort n'atteignant pas fatalement les êtres fictifs, il eût été à craindre que la source des droits de mutation ne fût tarie à jamais en ce qui les concerne. Pour parer à cet inconvénient, la loi des 20-22 février 1849 a frappé d'une taxe particulière les immeubles soumis à l'impôt foncier, et appartenant aux établissements publics légalement reconnus. Ce droit, qui se calculait à raison de 62 centimes 1/2 par franc du principal de la contribution foncière, a été élevé à 70 centimes par la loi du 30 mars 1872 : cette taxe est l'équivalent des droits d'enregistrement sur les transmissions entre-vifs et par décès.

Les propriétés des personnes civiles sont, depuis la promulgation du Code, soumises au principe de la prescription comme les biens des particuliers. En le décidant ainsi, l'article 2227 a profondément modifié l'état de choses antérieur.

Les biens des communes et des établissements publics étaient, il est vrai, prescriptibles; mais presque partout il existait des priviléges qui reculaient jusqu'à quarante ans, cent ans même, le délai de la prescription. Cette variété et cette prolongation excessive d'une situation qui jette nécessairement de l'incertitude sur les propriétés disparurent avec le Code; c'est une période trentenaire qui constitue désormais le plus long terme de la prescription.

L'édit de 1566, qui posa nettement le principe de l'inaliénabilité du domaine public s'appliquait même à ce qui compose de nos jours le domaine privé. C'est la loi du 20 novembre 1790 qui décida qu'à l'avenir les biens de l'Etat pourraient être aliénés, et qu'ils seraient prescriptibles par quarante ans. Enfin le Code les soumit, quant à la prescription, aux mêmes règles que ceux des particuliers : toutefois il ne s'agit que des biens du domaine privé, ou des biens du domaine public qui passent dans le domaine privé, comme les routes, fleuves, ports, forteresses, par suite d'un déclassement (1).

Les personnes civiles ont ou peuvent avoir, en outre du domaine corporel dont nous avons parlé exclusivement jusqu'ici, un domaine incorporel. Nous pensons que le droit de propriété littéraire doit également leur être reconnu : d'après le décret du 20 février 1809, l'Etat a la propriété des manuscrits des archives et des bibliothèques, qui ne peuvent être imprimés et publiés sans son autorisation. Quant aux sociétés de littérature, de science, d'archéologie, etc., fondées souvent dans le but de publier des mémoires, comment leur refuserait-on un droit de propriété sur les documents et les ouvrages qu'elles composent et répandent? Qu'importe que l'auteur soit une personne physique, ou un être collectif?

(1) Code civil, art. 541.

§ II. — *Usufruit.*

« L'usufruit qui n'est pas accordé à des particuliers ne dure que trente ans (1). »

Dès qu'on reconnaissait aux personnes civiles la faculté d'avoir un droit d'usufruit sur une chose, il devenait indispensable de régler expressément la question de l'extinction de ce droit. On ne pouvait pas laisser l'usufruit durer aussi longtemps que la personne civile qui en est le titulaire : la situation eût été intolérable pour le nu-propriétaire, et, d'essentiellement temporaire qu'il doit être, ce droit serait devenu souvent perpétuel.

Le législateur romain l'avait bien compris (2). Le Code civil, désireux de parer aux inconvénients signalés, prend pour base la moyenne de la vie humaine, et décide que l'usufruit des personnes civiles ne durera que trente ans : du reste, le motif de cette disposition indique clairement qu'elle ne contient qu'un maximum de durée, et que les causes ordinaires d'extinction qui se produiraient avant l'expiration des trente ans, anéantiraient l'usufruit.

L'usage, malgré son caractère personnel, qui en limite l'étendue aux besoins de telle personne réelle déterminée, peut être constitué cependant au profit de la personne civile ; car, outre qu'il est déjà compris nécessairement dans l'usufruit reconnu expressément par l'art. 619, il n'est plus à vrai dire de nos jours qu'un usufruit restreint. Nous repoussons donc les raisons, déjà discutables en droit romain, sur lesquelles on s'appuierait pour refuser ce droit aux êtres fictifs.

(1) Code civil, art. 619.
(2) L. 56, Dig., VII. 1.

Les immeubles des personnes civiles peuvent enfin jouir de servitudes réelles, ou en être grevées.

§ III. — *Succession.*

Nous avons dit ailleurs que les personnes morales n'ont ni héritiers légitimes, puisqu'elles ne laissent pas de parents après elles, ni héritiers testamentaires, puisqu'elles ne peuvent pas exprimer de dernières volontés et que ce droit ne se délègue pas.

A l'inverse, peuvent-elles succéder ab intestat ou *ex testamento*? La théorie des legs sera étudiée au paragraphe suivant : quant à l'hérédité ab intestat, deux mots sont nécessaires. Les liens de parenté étant la base des droits de succession régulière, les personnes civiles s'en trouvent forcément exclues ; mais différents textes consacrent des cas de succession irrégulière qu'il est bon de signaler.

L'État recueille l'hérédité à défaut de tous les héritiers ; mais c'est moins un droit de succession qu'une dévolution de biens sans maître, et la rédaction de l'art. 768, qui la lui attribue, présente à cet égard une frappante analogie avec celle de l'art. 713.

Plusieurs lois confèrent aux hospices un droit de succession sur les biens des malades qui y ont été admis :

Ils recueillent de préférence à tous les héritiers, même aux enfants légitimes, les effets mobiliers apportés dans l'hospice par le malade qui y a été soigné gratuitement (1).

Dans deux cas, les hospices priment l'État, mais sont primés par les héritiers : c'est quand ils acquièrent les

______

(1) Avis du Conseil d'Etat du 3 novembre 1809.

biens des malades soignés moyennant une rétribution, et ceux des enfants recueillis dans l'hospice et qui y meurent avant leur émancipation ou leur majorité (1).

§ IV. — *Dons et legs*.

Le droit, pour les personnes civiles, de recevoir des libéralités, est un de ceux que la loi a entourés de formalités et de précautions multiples. Plein du souvenir des donations qui leur étaient adressées en si grand nombre dans l'ancien régime, et des abus qu'elles avaient engendrés, le législateur s'est attaché à réglementer l'exercice d'un droit dont il maintenait le principe. Les auteurs s'accordent à reconnaître que les décisions du Code à cet égard sont inspirées par un triple sentiment : prévenir, dans un intérêt d'économie politique évident, la trop grande accumulation de biens entre les mains des personnes de main-morte, protéger la personne civile par l'examen des clauses de la libéralité qui pourraient lui être funestes, sauvegarder enfin les légitimes espérances de la famille du donateur que les libéralités excessives ou répétées compromettraient, telles sont les considérations motivant le droit de surveillance que l'Etat s'est réservé en matière de dons et legs.

Outre la reconnaissance que doit avoir obtenue l'établissement public donataire, la loi exige pour la validité de chaque libéralité une autorisation spéciale. La mission de l'Etat, ou autres autorités compétentes, étant basée en partie sur la nécessité de protéger en cette matière

(1) Avis du Conseil d'Etat du 3 novembre 1809 ; loi du 15 pluviôse an XIII, art. 8.

les personnes civiles, il en résulte qu'il peut autoriser
d'office à accepter l'être moral dont le représentant né-
gligerait de veiller à l'obtention de cette autorisation (1).

Ce principe, dont les lois administratives détaillent
les conséquences, a été posé par le Code civil dans les
termes suivants : « Les donations faites au profit des hospices, des pauvres d'une commune, ou d'établissements
d'utilité publique, seront acceptées par les administrateurs de ces communes ou établissements, après y avoir
été dûment autorisés » (2). Ces termes sont assez généraux pour s'appliquer aux donations manuelles, qui
n'échappent pas aux règles sur la capacité de recevoir
et sur l'exercice de cette capacité; elles seront donc
soumises à l'autorisation, pourvu du moins qu'elles excèdent les limites d'une simple aumône : la théorie contraire rendrait illusoire la règle du Code (3).

Nous avons déjà insisté sur cette idée que les établissements publics ou d'utilité publique reconnus ont une
entière capacité pour recevoir les libéralités (4); et que
l'art. 937 fixe seulement la procédure à suivre en ce qui
concerne la formalité de l'acceptation. Trois questions

---

(1) Conseil d'Etat au contentieux, 14 avril 1864. — M. Ducrocq,
4ᵉ édition, nᵒ 1454.

(2) C. civil, art. 937. L'art. 910 contient la même idée. Ils s'appliquent à toutes les personnes civiles publiques.

(3) M. Demolombe, t. 18, nᵒˢ 592 et suiv.; M. Dufour, t. 5, nᵒ 351.

(4) Toutefois, on ne peut pas adresser aux établissements ecclésiastiques de donations avec réserve d'usufruit. (Ord. 14 janvier 1831, art. 4.) — Les congrégations religieuses de femmes
autorisées ne peuvent recevoir qu'à titre particulier; et un de leurs
membres ne peut disposer en leur faveur au delà du quart de ses
biens, à moins que la libéralité n'excède pas 10,000 francs.
(L. 24 mai 1825, art. 4, 5.)

demandent ici à être résolues : A quel moment doit être reconnu l'établissement public, pour être capable de recevoir? Comment devra être donnée l'autorisation d'accepter? Qui acceptera la libéralité?

I. La création des personnes civiles par l'Etat ayant pour conséquence la collation d'une capacité générale à leur profit, il en résulte que, pour leur adresser valablement une libéralité, le donateur n'a qu'à rechercher si elles ont obtenu la reconnaissance de l'Etat.

Mais, comme il n'est pas rare que « les hommes soient disposés à former des établissements nouveaux qui leur soient propres, et fassent passer leur nom à la postérité avec le titre de fondateur » (1), ils consigneront souvent cette volonté dans leur testament, en disposant par exemple qu'ils lèguent telle somme déterminée à telle communauté religieuse particulière, pour le cas où elle viendrait à être autorisée par l'État. Une pareille libéralité pourra-t-elle recevoir son exécution le jour où l'Etat concédera à la communauté en question la personnalité civile?

Pour nous, la solution négative ne saurait être douteuse (2). Elle s'impose comme conséquence de notre théorie générale sur la création des personnes civiles : tant que l'État n'a pas parlé, la corporation serait-elle même réunie en fait, il n'y a que le néant : or un testateur ne peut pas adresser une libéralité à un être qui n'a pas coexisté avec lui. Que si l'on prétendait donner à la manifestation de la volonté de l'Etat le caractère d'une simple déclaration d'existence, rétroagissant au

(1) Edit de 1749. Merlin, Mainmorte, § 1.
(2) Dalloz, 1865, I, 83; 1867, I, 110. — M. Demolombe, t. 18, nᵒˢ 586 et suiv.

jour de la constitution de fait de la corporation, une pareille considération formulée pour les besoins de la cause se heurterait contre le principe que je viens de rappeler, et contre des nécessités pratiques irréfutables : souffrirait-on que la propriété des biens du défunt, devenue celle des héritiers, fût entre les mains de l'Etat qui pourrait les en dépouiller à son gré en donnant l'être juridique à la corporation qu'avait envisagée le testateur?

On a bien proposé un autre argument qui, tout séduisant et juridique qu'il paraisse, ne nous semble pas acceptable. Ecartant le cas où l'être moral n'a pas même une existence de fait, des auteurs raisonnent ainsi : « Un testateur peut adresser à une personne simplement conçue une libéralité testamentaire. Or, du jour où elle existe de fait, la personne civile doit être regardée comme conçue (1), et dès lors capable d'être le sujet d'un legs, sauf à attendre de l'Etat la naissance qui la mettra en mesure d'en toucher l'émolument. » A ce raisonnement, la réfutation contenue à l'alinéa précédent pourrait suffire ; mais on le repousse encore par cette considération spéciale que la fiction *infans conceptus pro nato habetur*, source de difficultés sans nombre, serait incapable d'éclairer une controverse sur les personnes morales ; il serait dangereux d'étendre une fiction par analogie, surtout dans une théorie dont le pivot est une autre fiction.

Tout en maintenant cette solution, nous regardons

(1) M. Troplong (Don., II, n° 612) va plus loin. Il admet même que le legs fait à une communauté non autorisée contient implicitement la condition qu'elle obtiendrait l'autorisation. Ce serait une de ces conditions *quæ insunt* qu'il est inutile d'exprimer dans

comme valable le legs d'une somme pour l'établissement d'un hospice ou d'un bureau de bienfaisance ;
car c'est en réalité un legs fait aux pauvres, et une pareille disposition est autorisée par les art. 910 et 937.
MM. Aubry et Rau posent même comme règle générale
que le legs serait valable « toutes les fois qu'il existe
une personne morale qui, en raison de l'intérêt qu'elle
pourrait avoir à la création de l'établissement en question et des rapports de dépendance dans lesquels il
restera vis-à-vis d'elle, peut, jusqu'à un certain point,
être considérée comme le sujet de la libéralité » (1).

Ainsi le legs d'une somme pour la création d'un mu-
sée, d'une bibliothèque dans la ville natale du testateur,
serait réputé adressé à cette ville, à la condition qu'elle
l'emploiera à la fondation indiquée par le testament.

II. L'autorisation d'accepter la libéralité ne sera pas
donnée toujours dans la même forme.

L'article 910 du Code civil exigeait un décret ; mais
il a été abrogé pour un grand nombre de cas, notamment depuis que les décrets de décentralisation ont
augmenté la compétence des préfets. Toutefois, il subsiste dans toute sa rigueur en ce qui touche les affaires
relatives aux établissements religieux, qu'ils se rattachent ou non à l'organisation des cultes (2). Cependant, le décret du 15 février 1862 consacre une exception
à cette règle, en permettant aux préfets d'autoriser, sur
l'avis préalable des évêques, l'acceptation des libéralités

(1) MM. Aubry et Rau, t. V, § 649. — M. Demo., t. 18, n° 590.
(2) Ordonn. 2 avril 1817, art. 1. — Dans les affaires connexes se
rattachant aux établissements religieux et à des questions décen-
tralisées, c'est un décret, et non un arrêté préfectoral, qui doit
intervenir.

adressées aux fabriques quand elles n'excèdent pas 1000 francs, ne donnent pas lieu à réclamation, et ne sont pas grevées de charges autres que des fondations pieuses.

L'autorisation doit encore être donnée par décret en conseil d'État, quand le don ou legs est adressé à l'État (1).

Quand la libéralité est adressée au département, l'autorisation du conseil général est suffisante s'il n'y a pas d'opposition de la famille : dans le cas contraire un décret doit intervenir (2).

L'acceptation d'une libéralité offerte à la commune ou aux hospices et hôpitaux n'a besoin d'être autorisée par décret que dans le cas où elle est faite « avec charges, conditions, ou affectations immobilières, » ou quand elle donne lieu à réclamation judiciaire ou administrative; et ce décret doit être rendu en assemblée générale du Conseil d'État, si le don ou legs excède 50,000 francs (3).

Le décret du 13 avril 1861, art. 6, § 19, donne au sous-préfet le droit de statuer directement sur l'acceptation par les bureaux de bienfaisance des dons et legs d'objets mobiliers ou de sommes d'argent n'excédant pas 3,000 francs, et ne donnant pas lieu à réclamation de la part des héritiers.

III. L'autorisation d'accepter doit être requise par le

(1) Analogie de l'art. 1 de l'ordonn. de 1817.
(2) L. 10 août 1871, art. 53.
(3) L. 24 juillet 1867, art. 1 ; L. 7-13 août 1851, art. 9; décret décentr., tabl. A, *v*; décret 21 août 1872, art. 5, applicable aux établissements publics et d'utilité publique, congrégations religieuses, communes et départements.

représentant de la personne civile : c'est à lui qu'elle doit être accordée ou refusée.

Ce serait faire double emploi que d'énumérer ici quelles sont les personnes chargées d'accepter les libéralités : elles ont été citées ailleurs. Je me contente de renvoyer à l'ordonnance du 2 avril 1817, dont l'article 3 est capital à cet égard (1).

Toutefois, il n'est pas inutile d'insister sur une hypothèse particulière, que visent les articles 910 et 937 du Code, celle où la libéralité est adressée *aux pauvres d'une commune*. Une pareille disposition n'a jamais été réputée faite à des personnes incertaines; et l'ordonnance du 2 avril 1817 donne au maire le droit d'accepter pour eux (2).

Le Conseil d'État ne reconnaissait cependant la compétence du maire à ce sujet que dans les communes où il n'existait pas de bureau de bienfaisance, celui-ci étant le représentant normal des pauvres. (Avis du Conseil d'État du 15 janvier 1837.) Il abandonna cette jurisprudence longtemps suivie, par avis du 6 mars 1873; un décret fut rendu le 22 mars suivant en conformité de cet avis, et la circulaire du ministre de l'intérieur du

(1) Voir aussi : pour le département, L. 10 août 1871, art. 53 ; pour la commune, L. 18 juillet 1837, art 10, n° 7; pour les hospices, L. 7 août 1851, art. 9, 11 ; pour l'Université, décr. 11 novembre 1811, art. 173 ; pour la fabrique et les séminaires, décr. 30 décembre 1809, art. 59 et 113; pour les pupilles de la marine, décr. 8 avril 1862, art. 2; etc.

(2) Que dire du legs adressé *aux pauvres* sans les spécifier? Nous pensons avec Merlin et Pothier (Introd. au titre 16 de la coutume d'Orléans, n° 38) qu'il doit être recueilli par le bureau de bienfaisance du lieu où le testateur était domicilié. — Cpr. Nov. 131, ch. IX.

25 avril de la même année, prescrit aux préfets de s'y conformer. Il résulte de ces documents que désormais le maire est seul représentant *légal* des pauvres de la commune, qu'il y ait ou non un bureau de bienfaisance. Toutefois, il n'est pas représentant exclusif; et les établissements publics dans la mission desquels rentre le soulagement des indigents peuvent être autorisés à recueillir les libéralités en question. Quant au bureau de bienfaisance, il ne peut plus accepter que les dons et legs qui lui sont spécialement adressés.

Une fois l'autorisation d'accepter accordée par le pouvoir compétent, et l'acceptation faite par le représentant autorisé, la donation ou le legs produira son effet ordinaire, aux termes de l'article 910. Mais on comprend que la nécessité d'obtenir l'autorisation peut empêcher ces effets de se produire : le délai qui s'écoulera jusqu'à l'obtention de l'autorisation permettra au donateur de revenir sur l'offre non encore acceptée; sa mort intervenue au cours de l'instance en autorisation entraînerait fatalement la caducité de la donation.

Afin de remédier à ces inconvénients, le législateur a introduit un système d'acceptation provisoire, qui fait échec au principe rigoureux de la solennité, lequel n'admet pas en général de provisoire dans son accomplissement (1). Ce principe nouveau a été formulé la première fois en faveur de la commune dans les termes suivants: « Le maire peut toujours, à titre conservatoire, accepter les dons et legs, en vertu de la délibération du conseil municipal : l'ordonnance du roi, ou l'arrêté du préfet qui intervient ensuite, a effet du jour de cette accepta-

(1) Demante, IV, 76 bis.

tion » (1). — La loi du 10 mai 1838, article 31, et celle du 10 août 1871, article 53, § 2, ont étendu cette règle au préfet agissant au nom du département; enfin l'article 11 de la loi du 7 août 1851 a fait application de la même théorie au profit des hospices et hôpitaux.

Il serait peut-être désirable que la même faveur fût étendue à tous les établissements publics; la Cour de cassation (2) a décidé dans un cas soumis à son appréciation, que le bureau de bienfaisance avait le droit d'accepter provisoirement une libéralité à lui faite, d'après les termes de l'article 48 de la loi de 1837. Cette décision de la Cour suprême nous paraît contraire à l'état actuel de notre législation; car, si tous les établissements hospitaliers avaient été en droit d'invoquer la loi de 1837, l'article 11 de la loi de 1851 eût été inutile : l'argument *a contrario*, qui se dégage de ce texte, est difficile à réfuter.

Bien des auteurs ont prétendu que les articles 910 et 937 mettent à la discrétion absolue de l'État le sort des libéralités adressées aux personnes civiles, et qu'il est libre d'adopter un moyen terme entre les deux partis extrêmes que le Code lui reconnaît : il prendrait donc une décision valable en n'autorisant le donataire à accepter qu'une partie de la donation qui lui est offerte. Ce droit de réduction, qui n'est indiqué ni dans le Code, ni dans aucun autre texte, est très-contestable; il irait en réalité contre le but de la loi : il supprimerait le droit de refuser l'autorisation pour le tout, car en fait le droit de réduction se substituerait à celui-ci. Rien ne

(1) L. 18 juillet 1837, art. 48, § 2, 3.
(2) Ch. civ., 12 novembre 1866.

Piébourg.   17

limiterait alors les prodigalités du donateur, sûr de voir
sa libéralité obtenir une exécution au moins partielle.
Nous pensons en conséquence qu'il n'y aurait pas lieu
d'annuler comme contraire à l'ordre public, la clause
du testament qui denierait à l'État le droit de réduire
le legs fait à un établissement public (1).

§ V. — *Transaction.*

La transaction passée dans l'intérêt des incapables est
soumise à des règles minutieuses; et l'article 2045 du
Code civil s'en est expliqué formellement à propos des
personnes civiles : « .... Les communes et établissements
publics ne peuvent transiger qu'avec l'autorisation expresse du roi. » Mais depuis 1804, la décentralisation
s'est fait progressivement sentir; et voici l'état actuel de
la législation :

Le conseil général statue définitivement sans aucune
autorisation, sur les transactions intéressant le département (2).

Pour la commune, l'article 2045 a été modifié par la
loi de 1837 (art. 19, § 10; art. 20), et par le décret de
décentralisation du 25 mars 1852 (Tab. A, 43°) : « Les
transactions sur toutes sortes de biens, quelle qu'en
soit la valeur », sont désormais l'objet de la délibération
du conseil municipal, soumise à l'approbation du préfet.
La procédure doit toujours commencer par la nomina-

(1) Sirey, 1863, I, 60 ; 1868, II, 352 ; 1870, I, 13. — M. Morillot,
Revue critique, 1873. — *Contra :* Sirey, 1864, II, 59 ; M. Ducrocq,
4ᵉ édition, nᵒˢ 1151 et suiv. *

(2) L. 10 mai 1838, art. 4, 6°; décr. 25 mars 1852, tableau A, 6°;
L. 18 juillet 1866, art. 1, § 14 ; L. 10 août 1871, art. 46, § 16.

tion de trois jurisconsultes que désigne le préfet; car l'arrêté du 21 frimaire an XII est encore applicable (1).

L'autorisation préfectorale suffit pour les transactions des établissements publics (2); mais l'avis du conseil municipal est nécessaire quand elle est demandée par les établissements de charité et de bienfaisance, et par les fabriques d'églises et autres administrations préposées à l'entretien des cultes (3). Quant aux établissements d'utilité publique, ils ne sont pas soumis à l'article 2045.

§ VI. — *Hypothèque légale.*

« Les droits et créances auxquelles l'hypothèque légale est attachée, sont..... ceux de l'Etat, des communes et des établissements publics, sur les biens des receveurs et administrateurs comptables » (4).

La puissante garantie de cette hypothèque générale trouve sa raison d'être dans la situation particulière des personnes civiles citées à l'article 2121. Il importe au bon ordre de l'organisation des pouvoirs publics que la gestion des établissements se rattachant à l'administration générale soit protégée par de sérieuses garanties : le Code ne pouvait mieux faire que de sanctionner la responsabilité des agents chargés du maniement des deniers publics, en grevant leurs immeubles d'une hypothèque générale. Il faut ajouter à l'énumération de l'article 2121, le département compris dans l'article 1 du

(1) Circulaire du ministre de l'intérieur, 5 mai 1852.
(2) Décr. 1852, tableau A, 55°.
(3) L. 18 juillet 1837, art. 21, 5°; L. 7 août 1851, art. 9 et 10.
(4) C. civil, art. 2121.

décret réglementaire du 31 mai 1862 sur la comptabilité publique.

La loi du 5 septembre 1807 a complété la garantie du trésor de l'Etat, en consacrant à son profit, d'une part un privilége sur tous les biens meubles de ses comptables et sur les immeubles par eux acquis à titre onéreux depuis leur nomination, et d'autre part une hypothèque légale sur les immeubles qu'ils possédaient avant leur nomination, ou qu'ils ont depuis cette époque acquis à titre gratuit.

Nous ne pensons pas que les comptables des établissements d'utilité publique soient soumis à l'article 2121. Si quelques personnes fondent une société d'archéologie ou d'horticulture, et obtiennent pour elle une déclaration d'utilité publique, ne serait-il pas bien rigoureux de frapper d'une hypothèque légale les immeubles de celui qui a bien voulu se charger de recueillir et de conserver les cotisations? L'article 2121 a pour but la protection des services publics; et sa disposition rigoureuse ne doit être appliquée qu'aux établissements publics pris *stricto sensu*. C'est à raison de ces considérations qu'il doit être admis que les biens des receveurs des caisses d'épargne ne sont pas frappés de l'hypothèque légale (1).

§ VII. — *Obligations.*

La capacité pour la personne civile de contracter et partant d'obliger les tiers envers elle et de s'obliger elle-même envers eux est incontestable.

(1) Voyez en sens divers : MM. Ducrocq, 4ᵉ édition, nᵒ 1066 ; Lamache, Revue critique, 1861 ; Aubry et Rau, II, 2ᵉ partie, § 264 ; Sirey, 1856, I; 878. — Paul Pont, t. 8, p. 503; Sirey, 1855, II, 350.

Contre ses débiteurs, elle aura les voies de poursuite ordinaires à fin de paiement. Ses créanciers, au contraire, ne pourront pas procéder contre elle dans les formes du droit commun. La nécessité d'un contrôle efficace a fait établir pour la comptabilité publique, une distinction entre l'ordonnateur et le comptable, avec incompatibilité pour une même personne de tenir ces deux emplois. Or, avant de réclamer à l'agent comptable le paiement de sa créance, le tiers doit remettre à l'ordonnateur sa demande et les pièces à l'appui, pour faire vérifier ses titres et arrêter le chiffre de ce qui lui est dû; cette liquidation terminée, il fait ordonnancer sa créance, et peut, dès lors, se présenter chez le comptable pour en toucher le montant. C'est ainsi que le receveur municipal ne désintéressera le créancier de la commune que sur la présentation d'un ordre de paiement délivré par le maire.

Voilà pour les obligations nées *ex contractu*. En ce qui concerne les délits, une question déjà étudiée en droit romain se présente : la personne civile peut-elle avoir à répondre d'un crime ou d'un délit? (1). Nous renvoyons aux développements présentés plus haut à ce sujet : qu'il suffise de rappeler que l'être juridique est, par sa nature idéale, dans l'absolue impossibilité de commettre lui-même un crime ou un délit, et que, d'autre part, les faits délictueux n'étant imputables qu'à leur auteur, la personne civile ne saurait être criminellement responsable des méfaits commis par ses membres ou même par ses représentants.

(1) Il est évident qu'elle peut avoir contre un tiers une action *ex delicto*.

Mais si la personne civile n'est pas justiciable des tribunaux de répression, sera-t-elle complètement à l'abri de toute réclamation des individus lésés par le fait de ses membres ? La question devient plus délicate et demande examen. Disons de suite, pour n'y plus revenir, qu'elle ne saurait se soustraire à la réparation du dommage causé par le dol ou la faute de son représentant, intervenu dans un contrat qu'il était compétent pour passer.

Plusieurs textes, dont le plus important est l'art. 72 du Code forestier, montrent la commune et la section de commune responsables des condamnations pécuniaires qui pourront être prononcées contre des agents nommés par l'autorité municipale. Cette nomination, ce *choix* est précisément le motif des décisions auxquelles nous faisons allusion; en confiant, par exemple, la garde de ses troupeaux à un pâtre incapable ou négligent, la commune assume par la légèreté de son choix une légitime responsabilité; et si son préposé laisse les bestiaux pénétrer dans des propriétés privées, on peut le reprocher indirectement à la commune, cause première du dégât causé.

C'est là une application de la théorie de la responsabilité civile. Dès lors, placés entre ce principe général, dont quelques textes font l'application à certaines personnes juridiques, et la règle de leur capacité générale, il faut décider que l'être moral est civilement responsable selon les termes et dans les cas exprimés dans les art. 1384 et suivants du Code civil. Ainsi, la congrégation des frères de la doctrine chrétienne serait tenue de réparer le dommage causé par ses élèves pendant le temps qu'ils sont sous sa surveillance; une corporation quelconque ou un hospice seront civilement responsables des délits commis par leurs agents, domestiques et préposés dans l'exercice de leurs attributions ; les crimes ou délits commis par un maire dans l'exercice de ses fonctions municipales entraîneraient contre la commune qui l'aurait nommé une condamnation pécuniaire. Bref, les articles 1384, 1385 et 1386 s'appliquent aux personnes civiles comme aux personnes physiques.

Des auteurs, dont la théorie est bien hardie, ont voulu aller plus loin, et rendre l'être collectif responsable des délits imputables à un quelconque de ses membres. Ils ont soutenu avec quelque semblant de vérité que, dans une congrégation religieuse, chaque associé se trouvait placé sous la surveillance, non pas légale, mais réelle et effective de ses confrères, et que dès lors ce que l'un faisait, les autres étaient censés y avoir prêté la main ou du moins donné leur adhésion (1). Cette argumentation ne nous satisfait pas : elle passe par-dessus le point en litige et aboutit directement à faire des coassociés du délinquant les complices de celui-ci et à les rendre en conséquence responsables, même au point de vue pénal. (C. pén., art. 60.)

On a prétendu tirer un argument d'analogie de la loi du 10 vendémiaire an IV, qui rend la commune civilement responsable des délits commis sur son territoire par ses habitants, soit contre les personnes, soit contre les propriétés. Cette loi, portée dans un moment de trouble et comme mesure de circonstance, a été le développement exagéré de la loi des 23-26 février 1790, qui rendait la commune responsable des dommages causés par des attroupements qu'elle eût pu empêcher. Les critiques

(1) Revue Fœlix, 1848.

dont elle a été et dont elle est encore l'objet (1) ne sont pas de nature à nous faire accepter l'argument d'analogie proposé ; nous voyons au contraire dans sa décision tout exceptionnelle une anomalie confirmant une règle dont, à moins d'un texte spécial et précis, il ne faut pas se départir.

CHAPITRE II.

PROCÉDURE

Les personnes civiles étant en principe assimilées aux personnes physiques, les contestations relatives à leurs droits privés seront portées devant les tribunaux ordinaires. Ils sont absolument compétents lorsqu'il ne s'agit pas de l'exécution ou de l'interprétation d'un acte émané de l'administration : quand le jugement ne peut être rendu qu'après une interprétation préalable, le tribunal doit surseoir et se pourvoir en interprétation devant le Conseil de préfecture (2).

La capacité pour les personnes morales d'ester en justice est un corollaire forcé du droit de contracter et d'être propriétaire ; et l'utilité de la personnification de l'être juridique se fait notamment sentir dans cet ordre d'idées. La présence de son représentant au procès suf-

(1) Toullier, t. II, n° 236. Nous n'avons pas à rechercher si cette loi est encore en vigueur ; l'examen de cette délicate question nous entraînerait hors du cadre naturel de notre travail.

(2) Toullier, III, n° 43 ; M. Laferrière, Droit administratif, II, p. 50.

fira en effet, sans qu'il soit nécessaire d'assigner chacun des membres de la corporation : les tiers ont donc besoin de connaître en quel lieu elle devra être poursuivie, quel tribunal sera compétent, où se trouve en un mot le domicile de l'être moral.

L'article 69 du Code de procédure résout cette question ; et, d'après ce qu'il dit de l'Etat, il semble bien qu'une personne civile peut avoir plusieurs domiciles, si elle a en plusieurs endroits des intérêts sérieux pouvant être assimilés jusqu'à un certain point à de principaux établissements. C'est ainsi que l'Etat plaidera valablement selon les cas par le préfet de tel ou tel département; c'est ainsi que la société commerciale sera valablement poursuivie devant le tribunal des différents lieux où elle aura une maison de commerce (1), et la jurisprudence a décidé que des compagnies de chemin de fer pouvaient l'être pour les questions courantes, devant le tribunal du lieu où elles ont une gare importante.

Les causes qui concernent l'Etat, la commune, le département, les établissements publics sont communicables au ministère public (2).

Elles sont dispensées du préliminaire de conciliation, comme toutes les questions sur lesquelles il n'est pas permis de transiger librement (3). Mais cette procédure est remplacée par une autre formalité. Le particulier qui veut actionner l'Etat, le département, la commune, les établissements hospitaliers (4), doit remettre préalable-

(1) Arg. Code commerce, art. 42.
2) C. procédure, art. 83.
(3) C. procédure, art. 49.
(4) Décr. 28 octobre-5 novembre 1790, t. III, art. 15; L. 10 mai 1838,

ment au préfet un mémoire contenant l'exposé de sa demande ; et, après un délai d'un ou de deux mois à dater du récépissé qui lui en est donné, l'action peut être intentée. Le dépôt de ce mémoire interrompt la prescription.

L'article 481 du Code de procédure, relatif à la requête civile, contient une décision analogue à l'ancienne *restitutio in integrum* à laquelle avaient droit les mineurs et autres incapables. « L'Etat, les communes, les établissements publics et les mineurs, seront encore reçus à se pourvoir, s'ils n'ont été défendus, ou s'ils ne l'ont pas été valablement.» Il est probable que cette disposition, copiée sur l'ordonnance de 1667, a conservé dans l'esprit des rédacteurs son ancienne étendue : la voie de la requête civile serait donc ouverte aux personnes morales dont il s'agit, si leurs représentants n'avaient pas invoqué tous les moyens de droit ou de fait qui auraient pu l'être utilement (1).

Aux termes de l'article 1032 du Code de procédure, « les communes et les établissements publics seront tenus, pour former une demande en justice, de se conformer aux lois administratives. » Le texte fondamental auquel il est fait allusion est l'article 4 de la loi du 28 pluviôse an VIII, qui donne au conseil de préfecture la mission d'autoriser les communes à plaider ; d'ailleurs cette tutelle administrative s'exercera, que l'être juridique soit demandeur ou défendeur, car il n'est pas sans intérêt d'empêcher une commune ou un établissement public de résister à une demande légitimement fondée. Les établis-

art. 37 ; L. 10 août 1871, art. 55 ; L. 18 juillet 1837, art. 51 ; arrêté du 9 ventôse an X.

(1) Ord. 1667, t. 35, art. 35. MM. Boitard et Colmet-Daage, art. 481.

sements d'utilité publique seront soustraits à ce pouvoir du conseil de préfecture : le législateur n'a pas trouvé de motifs suffisants pour étendre jusque-là la dérogation au droit commun (1).

Le principe de la loi de pluviôse, posé spécialement pour les « communautés des villes, bourgs et villages, » a été étendu aux établissements publics par des textes spéciaux (2).

Cette attribution du conseil de préfecture n'a rien de contentieux : le recours dont serait susceptible sa décision ne serait donc pas porté devant l'assemblée du Conseil d'Etat délibérant au contentieux, mais bien devant la section de l'intérieur, de la justice, de l'instruction publique, des cultes et des beaux-arts (3).

CHAPITRE III.

CONSIDÉRATIONS GÉNÉRALES SUR LA TUTELLE ADMINISTRATIVE.

Depuis le jour où la célèbre loi du 28 pluviôse an VIII posa le principe de l'unité administrative en France, et

---

(1) Sirey, 1854, I, 302. — Les monts-de-piété plaident sans autorisation du Conseil de préfecture; il suffit que le directeur soit muni d'un avis du Conseil de surveillance. Ch. civ., 18 décembre 1866.

(2) Communes et sections de commune, L. 18 juillet 1837, art. 49. — Hospices, L. 7 août 1851, art. 9, 10. — Fabriques, décr. 30 novembre 1809, art. 77. — Menses curiales, décr. 6 novembre 1813, art. 14. — Chapitres, ibid., art. 53. — Séminaires diocésains, ibid., art. 70. — Consistoires protestants et israélites, ordonn. 23 mai 1834; ordonn. 25 mai 1844, art. 64.

(3) Décr 21 août 1872, art. 6.

jeta les bases des pouvoirs publics qui nous régissent encore aujourd'hui, deux courants bien distincts entraînèrent les idées sur le perfectionnement à donner au système nouveau.

Les uns, partisans zélés de la théorie récente qui substituait la simplicité aux complications des systèmes antérieurs, exagéraient la concentration des pouvoirs dont ce principe servait de fondement à la nouvelle organisation. Les autres, luttant contre cet excès d'unité et de centralisation, réclamaient pour les administrations locales une plus large concession de liberté et la possibilité de se mouvoir avec une certaine latitude dans le cercle de leurs attributions (1).

C'est entre ces deux systèmes que le législateur devait se maintenir, empruntant à l'un et à l'autre dans une juste mesure, se tenant éloigné des abus extrêmes que suivent les retours soudains et les réactions inévitables. Une centralisation excessive eût absorbé dans l'Etat, au détriment des pouvoirs locaux, toute la force et toute la vie administrative; une décentralisation irréfléchie aurait créé de petits Etats au sein de la nation, comme au temps de la féodalité. D'une part c'eût été l'apoplexie au centre et la paralysie aux extrémités; de l'autre c'était la dispersion générale d'un pouvoir qui s'affaiblit à mesure qu'il se divise.

Les lois françaises n'ont jamais admis que la commune pût, comme en Amérique, agir, plaider, emprunter, contracter sans être autorisée par un pouvoir supérieur (2). Elles ont cru que le gouvernement ne devait

(1) Fiévée. Correspondance politique et administrative, lettre Iʳᵉ.
(2) M. Laboulaye. Histoire politique des Etats-Unis.

pas se désintéresser de ce qui touchait aux administrations locales, ni souffrir que les personnes morales publiques pussent se ruiner à leur gré. De là cette sorte de contrôle et de surveillance qu'on appelle la *tutelle administrative*, et à laquelle sont en principe soumis les établissements qui, par un point quelconque, touchent à l'organisation générale des pouvoirs publics.

Nous avons vu cette surveillance s'exercer sur les actes les plus importants de la vie civile des êtres collectifs: tantôt c'est le conseil de préfecture qui autorise la commune, la fabrique, à ester en justice; tantôt c'est le chef de l'État qui autorise un établissement religieux à accepter une donation, etc. Or, rapprocher le plus possible des justiciables l'autorité chargée d'exercer la tutelle administrative, tout en maintenant le contrôle d'une autorité supérieure, tel est le résultat cherché par notre législation, dans un but de promptitude et de simplicité évidentes.

Les lois du 21 mars 1831 et du 22 juin 1833 ont commencé les innovations dans cet ordre d'idées, en rétablissant, pour les conseils municipaux, conseils d'arrondissement et conseils généraux, le principe de l'élection que la loi de l'an VIII avait supprimé. Les lois du 18 juillet 1837 et du 10 mai 1838 entrèrent dans la même voie, en conférant à ces conseils un certain pouvoir d'initiative.

Les décrets dits de *décentralisation*, du 25 mars 1852 et du 13 avril 1861, servent de transition entre les documents de la période parlementaire que nous venons de citer, et les lois importantes du second empire. Ils ont eu pour but de transporter du chef de l'État aux préfets, et même aux sous-préfets, la solution de nombreuses questions administratives ; le préambule du décret de

1852 indique bien le motif qui a inspiré le législateur de cette époque : « Considérant, dit-il, qu'on peut gouverner de loin, mais qu'on n'administre bien que de près ; qu'en conséquence, autant il importe de centraliser l'action gouvernementale de l'Etat, autant il est nécessaire de décentraliser l'action purement administrative, etc. »

La route était nettement tracée : les lois du 18 juillet 1866 et du 24 juillet 1867 y pénétrèrent plus avant, en donnant dans un grand nombre de cas aux conseils électifs un pouvoir de décision propre.

Enfin, la loi du 10 août 1871 a singulièrement élargi le pouvoir des conseils généraux, et il est à remarquer que le département, reconnu si tard comme être juridique, a conquis bien plus rapidement que la commune la situation libérale à laquelle celle-ci aspire depuis si longtemps. La création de la commission départementale, la plus importante innovation de la loi de 1871, est venue apporter au département un nouvel élément décisif de décentralisation administrative (1). Elle n'a pas eu cependant toute la portée qu'eussent désiré lui donner les rédacteurs du projet de loi ; selon eux, elle aurait dû prendre en main la tutelle administrative des communes et des établissements publics, les autoriser dans la plupart des actes de leur vie civile et remplacer même le conseil de préfecture en ce qui touche les actions à intenter par ces personnes civiles publiques. Le gouvernement n'a pas cru devoir souscrire à cette proposition, et

______

(1) L'art. 36 de la loi du 10 mai 1838 autorisait le préfet, en cas d'urgence, à intenter toute action ou à y défendre sans délibération du Conseil général ; mais il devait se faire autoriser dans la plus prochaine session. La loi de 1871 (art. 46, § 15) a transporté ce pouvoir à la Commission départementale.

sur sa demande, la commission de l'Assemblée nationale consentit à la retirer, en réservant toutefois la question.

En somme, les lois qui reflètent toujours les tendances et l'esprit du moment où elles sont votées, attestent aujourd'hui le désir de liberté que manifestent les administrations locales. Sa légitimité est incontestable, et la loi lui a fréquemment donné satisfaction; mais non moins évident est le devoir du législateur, gardien des intérêts généraux : s'il est juste que le département et la commune administrent eux-mêmes leurs affaires, ils ne sauraient légitimement pas se passer, dans les circonstances capitales, de la surveillance d'une autorité supérieure, intéressée au fonctionnement régulier et intelligent de ces unités dont l'ensemble constitue la grande unité nationale. L'Etat, auquel appartient le droit de vie et de mort sur les personnes civiles publiques, doit diriger leurs actions et veiller à leur prospérité.

Que les cités s'élèvent progressivement à cette situation sagement libérale que les meilleurs esprits appellent de leurs vœux persistants, rien de plus équitable. Mais que l'Etat sache aussi par un contrôle ferme et bien réglé, maintenir dans toute sa force cette unité administrative qui coûta à la royauté un effort de plusieurs siècles et à la France les déchirements d'une révolution.

POSITIONS

I. La personnalité civile n'est pas une conséquence nécessaire du droit d'association.

II. Quand une personne civile cesse d'exister, ses biens sont dévolus non pas à ses membres, mais à l'Etat.

III. Les *Augustales* de province ne doivent pas être confondus avec les prêtres Augustales créés par Tibère.

IV. L'hérédité jacente n'est pas une personne civile.

V. Dans le droit primitif, l'aliénation des biens des personnes civiles n'était pas prohibée.

VI. L'impossibilité pour les personnes civiles d'être instituées héritières résulte de leur incapacité de fait.

VII. Les associés qui s'engagent personnellement en même temps que l'*universitas* dont ils font partie, ne sont pas tenus *in solidum* envers le créancier de l'*universitas*.

VIII. La loi **27**, Dig. (XII, 1), ne consacre pas une faveur au profit des *civitates.*

IX. L'usufruit légué à une personne civile dure cent ans. *Non obstat,* L. 68, Dig. (XXXV, 2.)

X. La personne civile ne peut pas être rendue responsable d'un crime ni d'un délit.

I. La personne civile a une capacité de droit générale dans la sphère que lui assigne son but autorisé.

II. La mort de tous les membres composant une personne civile n'entraîne pas la mort de la personne civile elle-même.

III. Le donateur peut répéter la donation qu'il avait adressée à une congrégation religieuse non reconnue par l'intermédiaire d'un des membres de cette congrégation.

IV. Le don ou legs n'est pas valable quand il est adressé à une congrégation religieuse pour le jour où elle sera reconnue.

V. Le droit d'accepter une donation à titre provisoire n'appartient qu'aux personnes civiles auxquelles il a été expressément concédé.

VI. Les articles 1384, 1385, 1386 du Code civil sont applicables aux personnes civiles.

VII. Les membres d'une association qui n'a pas la personnalité civile peuvent, en s'en séparant, revendiquer les biens qui sont sous leur nom.

VIII. La personne civile ne peut pas adopter ni être investie de la tutelle.

IX. La société civile n'a pas la personnalité juridique.

DROIT COMMERCIAL.

I. L'association en participation n'est pas une personne civile.

II. Les sociétés anonymes étrangères peuvent être autorisées à agir en France, non-seulement par décrets en Conseil d'État, mais encore par traités diplomatiques.

DROIT DES GENS.

Les principes de l'article 3 du Code civil s'appliquent aux personnes morales.

Piébourg.   18

DROIT PÉNAL.

I. Les congrégations non reconnues tombent sous le coup des articles 291 et 292 du Code pénal.

II. On ne peut imputer à la personne civile ni crime ni délit.

DROIT ADMINISTRATIF.

I. La clause qui dénie à l'État le droit de réduire un legs fait à un établissement public, est valable.

II. Les corporations d'officiers ministériels ne constituent pas des personnes civiles.

III. Les caisses d'épargne sont des établissements d'utilité publique.

IV. Les établissements d'utilité publique n'ont pas d'hypothèque légale sur les biens de leurs comptables.

V. Les établissements d'utilité publique peuvent plaider sans une autorisation administrative.

Vu par le Président de la Thèse,
Ch. BEUDANT.

Vu par le Doyen de la Faculté,
G. COLMET DAAGE.

Vu et permis d'imprimer.
Le Vice-Recteur de l'Académie de Paris,
A. MOURIER.

TABLE DES MATIERES.

DROIT ROMAIN.

PREMIÈRE PARTIE.

SECONDE PARTIE.

TROISIÈME PARTIE.

ANCIEN DROIT.

DROIT FRANÇAIS.

PREMIÈRE PARTIE.

SECONDE PARTIE.

TROISIÈME PARTIE.

Paris. — Typ. A. PARENT, rue Monsieur-le-Prince, 31.